I0458076

Voices Within
Family Chronicles

Original Russian Title:
Голоса внутри: Семейная хроника
Transliterated Title:
Golosa vnutri: Semeinaya khronika

By LANA STASEK

Stasek Publishing
Printed in the USA

Voices Within: Family Chronicles
Original Russian Title: Голоса внутри: Семейная хроника
Transliterated Title: Golosa vnutri: Semeinaya khronika
Copyright © 2025 by Svitlana Stasek
All rights reserved.

This is a work of non-fiction based on true events and personal recollections. Some names, identifying details, and dialogue have been changed to protect privacy. Any resemblance to persons, living or dead, outside the author's personal experience is purely coincidental.

ISBNs:
978-1-968405-00-7 (Paperback, Russian)
978-1-968405-01-4 (eBook, Russian)
978-1-968405-18-2 (Audiobook, Russian)

Editor: Margarita Palshina
Cover Design: Natalia Yeromina
Cover Model: Lana Stasek

Посвящаю эту книгу своим детям — Владе и Вадиму. Чтобы вы не вычеркивали прошлое, а брали из него силу.

First print edition: 2025
Language: Russian
Published by Stasek Publishing
Printed in the United States of America

10 9 8 7 6 5 4 3 2 1

Содержание

Авторская ремарка.
Прежде чем начать

Важный момент, который я хочу заострить, прямо в лоб, без обёртки. Эта книга — моя. Это моя память. Это то, как я вижу, помню, чувствую: вас, себя, нашу семью, друзей, события, характеры, сцены, разговоры, мелочи, привычки. Это моё восприятие, моя интерпретация, мои внутренние связи между людьми, семьями, родами. Всё, что я объясняю здесь, я объясняю в первую очередь себе. Потому что, если вдруг однажды я потеряю память, здесь будет якорь. Для меня.

Если вы — кто бы вы ни были: родственник, друг, случайный читатель — открыли эту книгу и чувствуете, что «что-то тут не так», «слишком резко», «слишком субъективно», «она ещё и матом, ну вообще...» — я вас прекрасно понимаю. И предлагаю очень простой путь: закрыть и не читать. Или, если прям припекло, выйти покурить. Да, так я выражаюсь. Не каждый день, не по привычке, но иногда — потому что так чувствую. Потому что иногда мягкое слово не влезает туда, где правда требует резкости.

Моя книга не уютный семейный альбом с кружевными подписями. Это живой документ. С пульсом. С нервом. Она не для оценки, не для лайков, не для галочки. Это — мой способ зацепиться за суть.

Если вдруг кому-то покажется, что я где-то перегнула, не так передала, не то поняла — о'кей. Это моё видение. Я не претендую на абсолютную истину. Я просто пишу, как чувствую. Если вы видите это по-другому — напишите свою книгу. Я клянусь, прочитаю. С интересом. С уважением. Может, даже поплачем вместе.

Я прямо сейчас, пока пишу это, вижу лицо своего брата. Он такой: «ну, зачем матюгаться? Зачем грубо?» А я ему мысленно отвечаю: «потому что я так хочу, потому что это — я». Если убрать эмоции в тексте, сгладить, прикрыть — это будет уже не моя история. А чья-то обезжиренная версия.

В 2023-м году у меня вдруг включилось острое, почти физическое желание, — разобраться с нашей родословной. Это не «ну, интересно» — нет. Это было скорее как сигнал изнутри: пора. Пока ещё есть, у кого спросить. Пока память жива, хотя бы у кого-то.

Сначала я пошла логичным путём: искать специалистов. Нашла пару контор, созвонилась, выслушала, как всё устроено. Честно? Ценник сразу сбил вдохновение: от $1500 и вверх. Зависит от глубины, от веток, от того, насколько сильно хочешь закопаться в корни. А я на тот момент не была готова выложить такую сумму за то, чтобы какой-то чужой человек, пусть и с дипломом, методично ковырялся в нашей семье. Как будто вызывать духов предков можно по тарифу. Не легло. Решила: буду делать сама.

Начала с папиной линии. Связалась с Оксаной Б. — племянницей. Там разросшаяся семья, половину имён я даже не слышала. Потом подключилась Тамила — моя двоюродная сестра, дочь папиной сестры. И вот так, по чуть-чуть, мы начали собирать картину. Уже вырисовывалось что-то: дерево, ветви, листочки, кое-где — неожиданности.

Но когда я села всё это оформлять — столкнулась с холодом. Списки. Даты. Кто чей сын, кто чья жена. Мёртвое. Как будто читаешь эпитафии без лиц. Если бы я была правнучкой, нашедшей этот труд, мне было бы скучно. Мне хотелось не таблиц, а голосов. Не просто «родился — женился — умер», а — жил. Думал, выбирал, ошибался, любил, ненавидел, надеялся. За строчками должна быть жизнь, а не сухая бухгалтерия предков.

На этом этапе я притормозила. Стало ясно: по стандарту — не мой путь.

И тут в голове щёлкнуло: если не схема, а книга? Не генеалогический отчёт, а семейная хроника. Живая, как сердце. Чтобы читаешь — и не просто знаешь, кто от кого, а чувствуешь: вот они были. Вот так жили. И тогда, может быть, кто-то из тех, кого я никогда не увижу, когда-нибудь откроет её и подумает: «Я не на пустом месте вырос». Что были те, кто искал, помнил, собирал.

Честно? Шерстить архивы, копаться в записях форумов — не мой кайф. Я не человек процесса. Мне важен смысл, результат, история. А платить тысячи — нет. Но и бросить не смогла. Потому что это не хобби. Это — попытка сохранить себя.

И вот тут — суть.

Я вижу цепочку стирающейся памяти. Это не поэтический образ — это было прямо передо мной. Бабушка Ира, тётя Люба, тётя Нина — папина линия. И у всех с возрастом началось: провалы, забывания, потерянность. Кто — в пространстве, кто — в себе. Я смотрела на это и думала: а если я — следующая?

По маминой линии вроде бы всё стабильно. Но мозг — он как рулетка. Подкидыш. Может повезти, может нет. А я — человек, который любит знать, где выход. Поэтому, если уж выпадет не та монетка, пусть хотя бы останется что-то, где есть я. Где не исчезну.

И да, возможно, это окажется бесполезным. Может, никто не откроет. Может, всё это уйдёт в пыль. Но если хоть один человек из будущего нашей семьи заглянет туда и почувствует, что до него кто-то жил, чувствовал, боролся — значит, всё было не зря.

Это моя попытка оборвать родовой паттерн. Не просто передать гены, а оставить след. Сознательно. По-настоящему. Пока есть чем писать.

Для тех, кто в танке

Сегодня 8 апреля 2025-го года. Иногда я буду ставить даты — не для пафоса, а просто чтобы потом можно было понять, где и когда всё началось, сколько мне было лет, кому сколько было, чтобы, если кому-то интересно, можно было просто посчитать. Потому что сухое генеалогическое дерево, которое я задумывала в самом начале — всего лишь таблица с датами-именами. Именами, которые большинству ничего не скажут. Сухо. Неинтересно. А я не люблю, когда сухо и неинтересно.

Так вот. Через пару недель после того, как я начала писать воспоминания, мне пришлось вернуться к первой главе. К вступлению. Объясню, почему. По ходу дела мне захотелось показать написанное близким: родственникам, друзьям. Не для похвалы. А чтобы понять две вещи: во-первых, совпадают ли факты с реальностью (по их версии), во-вторых, не скучно ли читается. Всё остальное меня не интересует. Мне не нужны корректоры, рецензенты, расставители запятых.

И да, если вы называли нашу общую бабушку по-другому — молодцы, но при чём тут я? Я звала её по-своему, я так её помню. Не надо мне говорить, что «написано слишком много». Это «много» — обо мне. Я и так стараюсь про других писать кратко, по сути, и связывать события с поведением, с причинами, с последствиями. Не надо мне объяснять, что «о тебе написано негативно». Если смерть — это «негатив», то для меня это — реальность. Это случилось. И назад уже не отмотать. Я стараюсь просто объяснить, как я это вижу.

Что я тогда почувствовала. Что понимаю сейчас. И это для меня новое.

Поэтому я решила: главы будут независимыми. Несвязанными. В оглавлении — имена. Чтобы можно было читать выборочно. Хотите — читайте о себе. Не хотите — не читайте. Но предупреждаю сразу: если вы часть моей жизни, если вы в моей памяти — я могу о вас написать. И вы не можете мне запретить помнить. Единственное, что вы можете — не читать.

Для тех, кто всё ещё не понял: это моя память. Я пишу себе о себе и о вас в моей жизни. Если вам не нравится — не читайте. Если уже прочитали и не понравилось — это бывает. Обычно не нравится, когда представление о себе не совпадает с тем, как вас видят другие. Но это ваш вопрос, а не мой. Ваше мнение о моей памяти — не моя проблема. И я не буду уточнять вашу версию.

Я просто не знаю, как ещё понятнее это объяснить. Да и не обязана. Короче. Для тех, кто понял — отлично. Для тех, кто не понял — я не могу на это повлиять. Единственное, на что могу — это на себя. Что и пытаюсь делать.

Для многих будет, наверное, непонятно: какая связь между тем, чтобы летать во сне и уйти от мужа. Почему я думаю, что, возможно, проживаю жизнь нерождённого брата. Почему меня бесят вопросы, вроде «когда замуж». Какая связь у Вселенной с белой стеной. Как мама Чикатило (того самого — серийного убийцы из СССР) связана с моей подругой. Как можно не убирать в доме, но жить в чистоте. Почему моему мужу нельзя со мной разговаривать до девяти утра. Почему я не использую слова-импотенты. Откуда у меня мужские яйца.

Но для меня это всё логично. И об этом — дальше. По ходу. Желаю всем понимания.

Предисловие.
Моя рана — моя дорога

Все эти воспоминания изначально должны были остаться только для меня. Просто мои личные заметки. Для моей дочки Влады, чтобы знала, кем была её мама до того, как стала просто мамой. Для моей семьи, если когда-нибудь захотят узнать, что во мне было, кроме «где носки» и «почему свет не выключен». Но однажды, прочитав пару глав, моя дочка сказала: «Мама, это может кому-то помочь. Кто-то может задуматься над своей жизнью». И тогда я поняла — это уже не просто про меня. Это уже про путь. Про тот самый путь, который начинается с боли. С боли, которую ты прячешь. С историй, которые, как тебе кажется, никто не должен слышать. А потом оказывается — именно в них и есть твоя сила.

Я вспомнила один семинар, который когда-то купила случайно, назывался «Священная рана». Если коротко, то суть там была в одном: где страшно — туда и надо. А если по-простому: где жим-жим — туда бежим. В детстве мне было страшно. Я боялась собак. Не просто недолюбливала. Боялась до ступора. До крика. До трясущихся рук. Не потому что кусали. А потому что внутри был панцирь, через который не пробивалась даже логика. Помню, бабушка Ксения водила меня к какой-то знахарке в Лисичанске.

Выкатывали страх яйцом. Крутили по голове, шептали, разбивали в банку — как будто можно вытянуть из ребёнка ужас, спрятанный где-то между позвонками. После сеанса она сказала: «Всё. Больше собак ты бояться не будешь». Мне было восемь. А я боялась до сорока. До тех пор, пока не появился Роберт. Пока не взял за руку и не сказал: «Возьми собаку. Ты сможешь». Я сопротивлялась. Всей собой. Внутренне визжала, как в восемь лет. А потом сдалась. И теперь у меня их четыре. Четыре собаки. Одна из них — доберман. Тот самый зверь из детских кошмаров. И я его люблю. Вот она, священная рана. Вот так работает этот механизм. Там, где тебя парализует — там и лежит твоя дорога.

А вторая моя рана — ироничная, но не менее глубокая. Стишки на стуле. Знакомо? Вот эти детсадовские утренники, когда тебя вытаскивают к ёлке и говорят: «Говори!» А ты стоишь. Уши горят, колени дрожат. Ты не дышишь. Ты смотришь на десятки лиц — и у тебя паника. Ты не знаешь, как правильно сказать, ты не знаешь, что делать с руками. Ты не можешь вспомнить этот чёртов стишок, потому что в голове только одно: на меня смотрят. И всё. Глухо. Мрак. Страх. Может, именно поэтому я их и не запоминала — чтобы не пришлось потом говорить. Чтобы не вставать на стул. Не быть видимой. Потом, уже во взрослом возрасте, я боялась выступлений. Микрофона. Публичности. Любой ситуации, где нужно сказать: «Это я. Слушайте». Меня пугал чужой взгляд. Меня пугало, что будут поправлять, обсуждать, смеяться. Меня пугала даже мысль, что я могу выглядеть глупо.

А потом я поняла. Священная рана — это не только про страх. Это про стыд. Про уязвимость. Про те части тебя, которые ты хочешь закрыть одеялом и больше не трогать. А Бог берёт — и делает в этих местах отверстия. Чтобы сквозь них прошёл свет.

Писать я начала для себя. Но когда поняла, что кому-то это может помочь — появилась другая энергия. Появилась задача. Встать на стул. И рассказать свой стишок. Не детский, не рифмованный, а настоящий. Живой. Про себя. Без фильтра. Потому что если хотя бы один человек, читая мои строки, подумает: «Блин.

А ведь у меня тоже так. И, может, я тоже могу по-другому?» — значит, я не зря говорила. Значит, это не просто табуретка.

Так что я встала. На свой стул. И рассказываю. Пусть дрожит голос. Пусть будут слёзы. Это всё — я. Это всё — мой путь. Потому что моя боль — уже не просто шрам. Это дверь. И если ты сейчас у неё стоишь — заходи. Я открыла.

P.S. Часть имён и деталей в книге изменены. Особенно в тех местах, где вспоминать слишком правдиво, а значит, снова переживать.

Некоторые герои этой книги даже не догадываются, что стали героями. И пусть так и остаётся.

Фамилии в книге могут совпадать с реальными — но только потому, что фантазия у жизни лучше, чем у меня.

Некоторые имена, ситуации и даже фамилии изменены или даны с иронией. Все совпадения — случайны, а бывшие — пусть порадуются, что их вообще вспомнили.

Вступление

Эта книга не про идеальное детство и не про волшебное преображение героини.

Это голос женщины, которая прошла через всё — и не потеряла чувства юмора. Здесь не будет длинных рассуждений о смысле жизни, зато будет:

• как выглядит травма в реальности, а не в теории;
• как держаться, когда ты держишь всех;
• как жить, когда внутри — целый хор голосов, и каждый что-то орёт.

Это история не про победу. Это история про выживание со стилем.

Для тех, кто умеет смеяться сквозь зубы.

Для тех, кто не боится встретиться с собой — без фильтров.

Для тех, кто устал читать аккуратные книжки, где все делают выводы и прощают.

Это мемуары, которые читаются как разговор на кухне. Когда поздно, честно и уже всё равно.

Всё, что вы тут прочтёте — обо мне.

Не обо всех, не «по мотивам», не «основано на реальных событиях». А реальные события. Моя жизнь. Мои шрамы. Мои крылья. Мои «твою мать» и мои «спасибо, что выжил».

Здесь не будет чёткой хронологии, главы не будут дружно держаться за руки. Это не сериал по сценарию. Это как фотоплёнка: где-то резкость, где-то засвечено, где-то — кадр, от которого щемит внутри.

Некоторые эпизоды вспоминаются отчётливо, как будто случились вчера. Некоторые всплывают внезапно, как запах из детства, когда не можешь вспомнить, откуда он, но чувствуешь до мурашек. И только потом понимаешь: а ведь это всё обо мне. Это повлияло. Это осталось.

До тридцати трёх лет моя жизнь была прочно привязана к одному месту — городу Лисичанску.

Да-да, тот самый: Ворошиловградская область → Луганская область → Украинская ССР → Украина. Менялась география, менялась страна, а я оставалась там, на одной и той же улице, с одним и тем же пейзажем из многоэтажек и ожиданий, что жизнь вот-вот начнётся.

Справка для любопытных:

Лисичанск — город на востоке Украины, считается одним из старейших промышленных центров Донбасса. Здесь ещё в XVIII веке запустили первый в стране нефтеперерабатывающий завод. Но для меня — это не про нефть. Это про первую любовь, про мамину кастрюлю, про запах аптечного одеколона и про первую мысль «а может, я не такая, как все».

...Семья у меня была... как бы это сказать по-научному... абьюзивная.

Но тогда, в 80-х и 90-х, никто таких слов не знал. Это сейчас говорят: «у вас нарушены границы, вы пережили травматичный опыт».

А тогда говорили:

— Ну, ремня получила? Значит, заслужила.

— Не ори! Иди мой посуду!

— У нас так принято.

Да, меня били. Да, ругали. Да, учили матом. И я — научилась. Причём, не просто запомнила, а встроила в речь так, что до сих пор некоторые выражения — как родные. Не горжусь. Но и не отрекаюсь. Это тоже я. Та, что выросла как могла, где могла, среди тех, кто умел любить... как умел.

Здесь будет немного всего.

Местами смешно. Местами больно. Иногда — с сарказмом, иногда — с мокрыми глазами. Здесь будут имена. Настоящие. Родственники, друзья, случайные прохожие, которые оставили в моей жизни отпечаток — от лёгкой пыли до ожога.

А в самом конце — для особо заинтересованных — я соберу всех по списку. Кто есть кто. Кто откуда. Кто зачем. Может, узнаете кого-то. Может, узнаете себя.

Это не мемуары. Это не исповедь. Это попытка вспомнить, собрать, понять.

Потому что если вдруг я, как женщины в моём роду, потеряю память — пусть у меня останется эта книга. И если она попадёт в чьи-то руки — пусть согреет. Или хотя бы напомнит: Ты не одна. Твоя история — важна.

Глава 1. Я родилась после смерти

Моя жизнь началась с того, что меня не было. В 1967-м году мои родители поженились. До этого какое-то время встречались: сколько? не знаю и знать не хочу. Неинтересно. Моя мать уже тогда была беременна. Это была не я. Это был он, мой нерождённый брат.

Скандалы у них начались сразу. И не лёгкие «поссорились — помирились». Нет. Это были ссоры с разносом, с битьём, с выносом. В какой-то момент мать сорвалась. У неё вообще был характер: вспыхнула, выгорела, остался только дым. И да — мне это передалось. Очень конкретно. Долго не понимала, что с этим вообще надо что-то делать. Только к сорока дошло. Когда появился Роберт. Но об этом потом.

Сейчас — 1967-й. Очередной скандал. Видимо, эпичный. И вот она — восьмой месяц беременности — идёт и делает аборт. Да, на восьмом месяце! Это был мальчик.

Вот с этого начинается моя история. С пустоты. С дырки в ткани, куда должен был прийти кто-то другой. Потом, как по учебнику, пять лет бесплодия. Потому что вселенная не тупая. Сначала объясни, зачем тебе ещё один ребёнок, если ты только что выкинула предыдущего. Но потом что-то там в небесной бухгалтерии пересчиталось — и в 1973-м пришла я.

Только недавно, лет пять назад, я поняла, что это значит. Я верю в род. Не потому что модно, а потому что я вижу. Иногда, конечно, мне кажется, что вижу. Но знаете что? Это уже детали. Я точно чувствую, что живу не только свою жизнь. Где-то на подкорке я несу его. Того, кого не пустили. Моего брата.

Может, звучит странно. Может, даже бредово для кого-то. Но есть вещи, которые ты просто знаешь. Не книжкой, не лекцией, не курсами «Родология за три дня», а костным мозгом. Это, как если бы в твою комнату должны были зайти двое, а зашёл один. И ты вроде одна, но постоянно ощущаешь, что воздух лишний. Пространства больше, чем надо. Ты живёшь — и не можешь понять, почему постоянно чувствуешь вину за само своё существование. А потом доходит: да потому что ты здесь — вместо. Потому что кого-то убрали — и ты пришла. Как будто на тебя поставили крестик: «Разрешено. Проходи».

И вот ты живёшь с этим крестиком. Не золотым, не православным. А таким, как в школьном дневнике, жирным, красным, с раздражением. Но я не жалуюсь. Я просто понимаю.

Я верю в родовые связи. Не в стиле: «Меркурий в Раке, значит, по маминой линии шизофрения», нет. Я про настоящие, энергетические, цепкие связи. Про то, что если в роду что-то не прожито, оно будет повторяться. Если кого-то не оплакали — придётся плакать тебе. Если кого-то вытолкнули — ты будешь тащить его силу, его гнев, его задачи, как будто это твои. А ты не понимаешь, почему тебе так тяжело. Почему ты хочешь жить и умирать одновременно. Почему ты рвёшься вперёд, как танк, но внутри — всегда тормоз. А потому что танк — это ты, а тормоз — это он. И вы идёте вместе. Потому что род — это не выбор. Это как кровь: не видно, но она течёт.

А теперь внимание: до моей матери была её мать, моя бабушка Надя. Во время войны она родила мальчика — не от мужа. Дед в это время был на фронте. Что делать женщине в такой ситуации в сороковых? Да ничего хорошего. Паника, стыд, страх. И она решает: чтобы никто не узнал — отдать ребёнка. Своим каким-то родственникам. Я не знаю всех подробностей. Знаю только, что мальчика звали Иван. Это был мой дядя. Формально — нет. По факту — да.

Так вот. Сначала бабушка отдала сына, потому что было страшно. Потом моя мать на восьмом месяце делает аборт — потому что была зла. И не надо быть шаманом с бубном, чтобы увидеть связь. Ребёнок, которого не приняли. Потом — ребёнок, которого не пустили. И всё это — до меня. А потом — я. Здравствуйте, приехали.

Вот, с чем я пришла. С этим невидимым наследием. С этим полем, где вместо травы — выброшенные судьбы. Вот почему у меня внутри сидит ощущение: «Ты должна». Не просто жить — прожить за тех, кого стёрли. Не просто быть хорошей, а всё исправить. Хотя я никому ничего не должна. Но род так не считает. Род говорит: ты — следующая. Держи. Разбирайся.

Я не против абортов. Скажу честно: если срок ранний, если эмбрион ещё просто набор клеток — это решение женщины. И я уважаю право женщины на «нет». Но восьмой месяц — это не «нет». Это убийство. Это уже сформированное тело. Это руки, ноги, лицо, шея. Это человек, который просто не дышит ещё воздухом. И когда ты решаешь прервать это, ты убираешь не просто тело. Ты выталкиваешь жизнь, которая уже стучалась. Вот тогда род трескается. Вот тогда включаются последствия. Не мистика — реальность. Слёзы, которые льются не там, где надо. Страхи, которые не твои. Тени, которых быть не должно.

И если бы мне всё это сказали раньше — не факт, что я бы сразу поняла. Но сейчас — понимаю. Не осуждаю мать. Я сама мать. Я знаю, как можно сорваться. Но знаю и то, что любое действие имеет последствия. Особенно если ты его сделал в порыве, в аффекте, в истерике. Ребёнок не должен быть наказанием. Но и не должен быть жертвой чьей-то несдержанности.

Поэтому, когда я говорю, что родилась после смерти — это не просто красивая фраза. Это правда. И не надо меня жалеть. Это моя точка входа в эту жизнь. Мой пароль в систему. А дальше — уже моя ответственность, как я эту жизнь проживу.

И я разбираюсь. Я не та, кто продолжит эту цепочку. Я та, кто её видит. Кто уже называет по имени. Кто не врёт себе. И, может быть, этим уже немного меняю будущее.

Потому что я должна не просто жить. Я должна жить за всех нерождённых детей в моём роду: красиво, полноценно, жадно — и брать от жизни всё, что я хочу. Без чувства вины. Без страха. Без оглядки. Потому что я здесь. Значит — мне можно.

И я не просто прожила. Я передала жизнь дальше.

Моя дочь — не случайность. Не ошибка. Не страх. Не срыв. Она — завершение разорванных судеб. Она — та, кто родилась вовремя, без стыда, без тени, с любовью. И когда я смотрю на неё, я понимаю: всё это — не зря. Все эти порезанные корни, затёртые имена, вычеркнутые дети — всё это привело к ней. А значит, я справилась.

Может быть, поэтому я не люблю процесс чего-то. Я люблю результат. Мне нужно сразу — чтобы появилась идея и сразу получился результат. Я, конечно, знаю, что так не бывает, никогда не было и не будет. Но вот так я чувствую всегда. И только недавно я поняла, почему: подсознательно я не хочу оказаться в подвешенном состоянии, в ожидании, в процессе — как тот, кого не пустили. Как будто если что-то тянется слишком долго, то его могут просто прервать. Остановить. Стереть. А я не хочу быть стёртой. Не хочу стать той, кого не дождались. Наверное, поэтому сам процесс — наговаривания, вычитывания, редактирования — мне не очень нравится, если честно. Я бы хотела, чтобы появилась идея создания мемуара — и потом сразу: бац — на столе лежит книга. Наверное, поэтому если я хочу чистый дом — у меня есть Катя. Наверное, поэтому я очень много дел делегирую другим — чтобы сохранить свою энергию для себя. Чтобы тратить её не на пыль, суету и бесконечные мелочи, а на то, что по-настоящему моё. Что требует меня целиком. Потому что я знаю цену внутреннему ресурсу. И я не хочу снова оказаться в ситуации, где кто-то решит, что меня можно вычеркнуть. Я выбираю жить — и выбирать. Раньше я даже не знала, что так можно — а оказалось, ещё как можно. И теперь, когда могу — делаю. Без извинений. С удовольствием.

Глава 2. Отец, ноги, бабушка, дефицит

Папа родился 2 апреля 1947 года, в селе Низшие Верещаки, Кировоградская область, тогда ещё УССР. Маленькое село, обычное. Там всегда пахло землёй, коровами, дымом из печей, весной — навозом, летом — липой. Дом стоял не богато, но крепко, как и все тогда.

Его дед был раскулачен в 1930-х годах — в период, когда на территории Украины массово изымали имущество у сельских семей, признанных «кулаками». В Кировоградской области, как и по всей стране, таких семей были тысячи.

Дед Павло

В своей семье дед был варваром. Не «сложным человеком», не «строгим главой семьи» — а именно жестоким, грубым и разрушительным. Бабушка с ним просто сошла с ума. Не фигурально, а буквально: в конце жизни она не узнавала никого, сидела на стуле и рвала на себе платье. Тряпки в руках, пустой взгляд. Я тогда была ребёнком, но именно этот образ безмолвного безумия проник в меня глубоко. С тех пор у меня внутри живёт страх, что однажды и я могу уйти туда, где никого не узнаю.

Сейчас, когда я знаю про болезнь Альцгеймера, я понимаю, что, скорее всего, это оно и было. Только тогда это не называли словами, а просто прятали человека в угол. Не лечили, не утешали, не называли это болезнью. Просто оставляли. Как будто вычёркивали.

А дед... Он, по рассказам отца, однажды повёл бабушку и маленького отца на расстрел. Как в военных фильмах — только это не кино. Она плакала и умоляла: «Только Толю не убивай». Что это было: вспышка ярости, шантаж, или просто демонстрация власти, кто его знает, никто не объяснял. Да и объяснить такое невозможно.

Но вот что странно: когда мы приезжали к ним в гости, я помню деда совсем другим. Он казался мне добрым. Щедрым. Улыбчивым. Он всегда что-то давал, особенно деньги, чем-то угощал. Он не кричал. Не бил. Не был страшным. И вот тут начинается самое тяжёлое — как в одном человеке могло жить два таких разных существа? Палач — и дедуля с гостинцем.

С возрастом я начала понимать: человек не всегда либо чудовище, либо ангел. Иногда это просто оболочка, в которой живёт распухшая, неразобранная, несдержанная боль. Возможно, у него самого в жизни не было ничего, кроме насилия и страха. Возможно, он не умел иначе. Или — не хотел. Может, с нами, внуками, он пытался быть тем, кем не стал для своих детей. Как будто хотел оставить после себя не только страх.

Психологи называют это диссоциативной моделью агрессора, когда внутри человека живут две реальности: одна — для контроля, в которой он правит страхом, вторая — для внешнего мира, где он «нормальный» и даже «милый». Это не оправдание. Это просто объяснение. Иногда зло выглядит, как добро — особенно, если ты ребёнок и видишь человека не целиком, а кусками.

Я до сих пор не знаю, кем он был на самом деле. Может, он и сам не знал. Но то, что бабушка в итоге осталась одна, без себя, говорит о том, каким разрушительным может быть человек, если его никто не остановит.

Последние её годы прошли в доме младшей дочки, тёти Любы. Та не простила отцу ничего. Жила с ним в одном селе, но как будто на разных берегах. Я хорошо помню тот день: дед пришёл, стучал в дверь, а она его не пускала. Стоял, ждал. Потом всё-таки взяла и вынесла еду, как собаке. Без слов, без взгляда.

Когда он умер — всё было как в тумане. Мы приехали. Он лежал на лавке, уже мёртвый, с подвязанной платком челюстью (я такого никогда не видела), а тётя Люба хлопотала на кухне, готовила на поминки ведро винегрета. Я еще подумала: кто столько съест. В последний раз. Без суеты, но чётко. Всё знала, всё делала. А на похоронах — дождь, слякоть, она вдруг начала плакать громко, почти наигранно. Как в кино. Странно было — как будто надо было поплакать, потому что так принято. А потом — будто выключили сцену. Всё. Обыденность. Повседневность.

А потом тётя Люба показала несколько вёдер денег. Настоящих советских купюр. Не игрушечных, не фантиков — самых что ни на есть настоящих, с Лениным, с гербами, с печатью. Но уже абсолютно бесполезных. Бумажки. Сырьё. Прах.

Дед прятал деньги в кастрюлях — настоящие советские рубли, которые давно превратились в мусор. Он никому их не отдал, даже когда они ещё имели цену. Ни на лекарства, ни на жизнь. После того как его семью раскулачили, страх потери въелся в него глубже, чем любовь к близким. Я думаю, что бессознательно он верил: если спрятал — значит, выжил. Деньги стали символом власти, которой его лишили в детстве, и он цеплялся за неё до последнего. А когда всё рухнуло — остались только вёдра бесполезной бумаги.

После распада СССР, особенно в начале 90-х, деньги сгорали моментально. В 1991-м году прошла денежная реформа — обмен пятидесяти и сторублёвок. Потом началась гиперинфляция. В 1992-м году цены выросли почти в 30 раз, а к 1994-му ещё в несколько раз. Люди просыпались бедными, просто потому что вчерашняя зарплата уже ничего не стоила.

Те, кто держал сбережения «на чёрный день», в миг остались с пустотой, и дед был одним из них.

В кастрюлях его — не богатство. А вся суть. Бессмысленное сбережение, когда вокруг рушилось всё. И даже тогда — не отдал. Ни капли. Ни куска. Просто сидел на них, как наседка на мёртвых яйцах.

Смотреть на эти вёдра было противно. Вроде бы бумага, а ощущение — будто в этих деньгах вся тухлая суть его характера: скрытность, алчность, страх, нежелание делиться. Пусть лучше сгорит, но чтобы — никому.

Я тогда не поняла, но теперь понимаю: бабушка ведь жила с этим всю жизнь. Всё видела. Не в рассказах, а вживую. И, наверное, это был единственный способ не сломаться — отстраниться. Превратить боль в привычку. Пережить — это тоже способ памяти, только без слов.

Тётя Люба

Тётя Люба ушла из жизни с тем же диагнозом, что и её мать. Всё повторилось, будто по кругу. Только если бабушка просто «перестала быть собой» — медленно, без слов, — то у Любы был инсульт. Работала в огороде, упала. Нашёл её муж.

Муж — бывший военный, подробностей я не знаю. Потом — тракторист в колхозе, одеколон, чистые рубашки. Даже в грязи и пыли — всё выглажено. Для деревни он был почти денди. Не могу сказать, что он был плохим. Но он всегда ставил себя на первое место.

Когда Люба лежала на земле, он позвонил сыну. Сын сказал: «Звони в скорую». А отец в ответ: «Не буду. У неё ноги грязные». Какие, блин, Ноги. У человека инсульт, а он — стыдится. Стыд оказался сильнее страха. Стыд —

важнее жизни. А помыть ноги жене самому — это уже за гранью. Не по-мужски, не по статусу. Проще ничего не делать. Отстраниться. Пусть само как-нибудь.

Скорая приехала позже. Любу парализовало, она немного восстановилась, но вскоре начала терять память. Я приезжала к ней с Владой в 2017-м году. Всё то же, что было с бабушкой. Только медленнее. Как будто включился один и тот же сценарий, только с разными актёрами. Семейная карма, наследственность, накопленный стресс — называй как хочешь. Но это не случайность. Это повтор. Как будто что-то не прожитое передаётся дальше, пока кто-то не остановится и не увидит.

Самое страшное во всём произошедшем — тишина. Не было трагедии наружу. Не было слёз. Всё происходило буднично. Словно все всё уже знали заранее.

Бабушки и дедушки

В реальной — постоянной — жизни из всех бабушек и дедушек рядом была только Ксения Ивановна. Остальные жили в деревнях: мамины — в России, папины — в Украине. Мы иногда ездили к ним на машине, всей семьёй. Я помню эти поездки: взрослые пили самогон, много ели, громко разговаривали, ругались.

Они были одновременно весёлыми и напряжёнными. Детская память оставила ощущение, что взрослая жизнь — это шум, алкоголь, неразбериха, где в любой момент может стать страшно.

Из всех взрослых, с кем я чувствовала спокойствие, только Ксения Ивановна была рядом как настоящий оплот. Она не была мне родной бабушкой — она была сестрой моего деда, но именно с ней появилось первое ощущение уюта. Она и стала для меня «бабушкой» — по сути, а не по крови.

Корни и ощущение разрыва... Отсутствие большой стабильной семьи рядом могло сформировать у меня внутреннюю установку: полагаться на себя безопаснее, чем на других. Это не было осознанным выбором — просто в моей реальности никто не нёс меня на руках. Алкоголь, крики, противоречия, которые я наблюдала у взрослых, рано показали: близость — это не всегда про тепло. Иногда она может быть опасной. Наверное, поэтому мне трудно было впускать людей глубоко в сердце.

И на этом фоне бабушка Ксения стала тихой гаванью. С ней не надо было бояться. С ней просто было спокойно. Возможно, именно это потом легло в основу моего стремления создавать уют и тепло вокруг себя — как способ восстановить то, чего не хватило в детстве. Бабушка Ксения — остров уюта.

Ксения Ивановна была вдовой. Её муж, брат моей бабушки Надежды Ивановны, маминой матери, погиб на войне в 1941—1945-х годах. Это была Великая Отечественная война — страшный, всенародный бой за выживание, в котором гибли не только солдаты, но и мирные жители. После Победы страна лежала в руинах, и тысячи женщин, как и Ксения, остались вдовами с детьми, без поддержки и опоры. Им приходилось выживать в тишине послевоенных потерь, на обломках прошлого.

После его гибели Ксения одна растила двух сыновей: старшего Сашу и младшего Толика. Оба были всего на несколько лет старше моей мамы и стали ей как братья. Когда Шуру после пожара отправили жить к Ксении в Лисичанск, эта семья стала для неё новой, а позже — частью и моей жизни.

У Саши были дети — Сергей и Вита, мои троюродные брат и сестра. С Витой мы часто оставались ночевать у бабушки. Почти каждую неделю. Я обожала это время.

Мы спали вдвоём на широкой кровати под тяжёлой мягкой периной и подушками. Бабушка пекла пирожки в духовке — с капустой, с картошкой, с вареньем. Дом наполнялся запахами, и всё было по-женски тёплым: порядок, еда, спокойствие и ощущение, что тебя здесь ждут.

Это был мой первый опыт настоящей, стабильной, нестрашной любви. Пусть Ксения Ивановна не была мне родной бабушкой — но она стала настоящей. С ней рядом можно было расслабиться, не ждать крика, не ждать упрёка. Это было редкостью в моём детстве, и потому так запомнилось.

Именно у неё, возможно, я впервые почувствовала, что такое уют. Не просто чистый дом, а атмосфера — тишина, забота, структура. То, что я потом интуитивно пыталась воссоздавать уже во взрослой жизни.

Достаток в эпоху дефицита

С самого детства я знала: у нас в семье был достаток. Не роскошь, но стабильность. В условиях советского дефицита это было очень многое.

Мама работала продавцом в продуктовом магазине. Это означало доступ к «спецтоварам» — к тому, чего в обычных магазинах почти не было. Тогда люди жили на одну зарплату, деньги были, но нечего было купить. Все разговоры на кухне крутились вокруг «где достать». Очереди, полупустые полки, «бросили колбасу» — и беги. Товар был — событие.

Но у нас в доме всегда была еда. Были вещи. Иногда даже редкие. Мама умела «доставать». Благодаря этому я не росла с чувством бедности. Внутренне у меня скорее было ощущение гордости — мы «держим уровень». Несмотря на эмоциональные трудности и напряжённую обстановку, в доме был порядок и запас. Это давало чувство безопасности.

С раннего возраста я ощущала себя как будто сама по себе. Родители были на работе, а я оставалась с младшим братом Юрой, который на два года младше. Когда я пошла в школу, стала водить его в детский сад. Иногда даже забирала сама.

До этого мы оба ходили в садик «Светлячок» — в районе завода РТИ. Я хорошо помню еду в этом саду — вкусную, домашнюю. Но не выносила дневной сон. С 12—00 до 15—00 нас заставляли спать, а я не могла. Воспитательница ругала, ставила в угол — и это было для меня очень тяжело. Чувство бессилия, когда тебя заставляют делать то, что ты не принимаешь.

Сейчас мне 51, и я всё так же не могу спать днём. Наверное, где-то глубоко в теле осталась та самая ассоциация: «сон — это когда тебя насильно укладывают». И в этом простом эпизоде снова звучит тема моего детства: не быть услышанной, подстраиваться, выживать в системе, где нет выбора.

Глава 3. Отец, Валентина Николаевна, Сергей и Инна

После школы в своей деревне он приехал в Лисичанск, учился в ПТУ на тракториста. Но трактористом так и не стал — сразу пошёл водителем. Сначала возил посылки на ЗиЛе от вокзала до центральной почты. Потом устроился на мясокомбинат — водителем мусоровоза, вывозил отходы с завода.

Лисичанский мясокомбинат в 2000-х — одно из последних крупных предприятий города. Зарплаты — копейки, выживали за счёт «схем». В отходы выбрасывали не только испорченное, но и целые куски мяса, ветчины, колбасы. Он вывозил это как мусор, часть делил с нужными людьми, часть приносил домой. Это было нормой того времени.

И именно тогда он познакомился с Валентиной Николаевной. Ушёл он от мамы в 2000-м году. 8 марта он подарил ей халат — обычный, домашний. А она устроила истерику. Видимо, ждала чего-то другого, посолиднее. Он просто молча ушёл. А ведь до этого они прожили вместе с 2 сентября 1967 года. Почти тридцать три года брака.

Ругались они постоянно. Иногда мама прямо провоцировала его — доводила до драки. И мы, дети, при этом присутствовали. Не где-то в стороне, а прямо перед глазами.

Тогда для меня это было обычной жизнью. Другой я не знала.

Думала, что у всех так: ругань, напряжение, крики.

Только потом уже пришло понимание, что это не норма.

Когда дома небезопасно — даже в тишине не можешь расслабиться. Кажется, что вот-вот снова что-то начнётся. И это ощущение потом долго живёт внутри, даже когда всё вроде бы спокойно. Поэтому когда он ушёл, я по-настоящему за него обрадовалась. Даже сказала: «Давно надо было».

Сначала он жил у Валентины Николаевны в квартире, а потом они купили дом в Пролетарске — на её деньги. Она тогда была заместителем директора мясокомбината, с хорошей зарплатой и связями. Дом был большой, красивый, двухэтажный.

Нас туда тоже пригласили. Мы приехали с Богданом, Вадимом и маленькой Владой — ей было полтора года. Помню: столы накрыты, угощения, всё как положено. Валентина Николаевна познакомила нас со своими детьми: Сергеем и его женой Инной (она тогда была беременна), и младшей дочкой Марией, ей было около восемнадцати.

По моим ощущениям, отец там был как помощник: отвези, привези, огород, машина, гости. Всё вроде по-доброму, по-семейному, но со стороны казалось, что это не его территория. Он был как бы рядом, но не в центре. Это моё восприятие — может, он сам чувствовал иначе, но я видела именно так.

Он был... каким-то другим.

Не то чтобы совсем изменился — он всегда был аккуратный, опрятный, с лёгкими шутками, не хамил, не лез. Но тут он как будто стал тише. Спокойный, почти незаметный. Вроде всё делает, вроде рядом, но с каким-то внутренним «не моё».

И почти не пил — это радовало. После всего, что было раньше, это ощущалось как передышка.

Но при этом мне казалось: он сам себя уговаривал, что всё у него хорошо. Хозяином себя в том доме он не чувствовал. Просто аккуратно вписался в чужую жизнь — вежливо, по-человечески, но не по-своему.

А я радовалась за него. Потому что, как бы там ни было — я всегда была папина дочка. И видеть, что он выбрался из своей прошлой жизни, было по-своему облегчением.

Инна тоже запомнилась. Мы особо не общались — просто «привет—пока» на праздниках. Но я помню её хорошо: красивая, ухоженная, блондинка, всегда модно одета. Весёлая, жизнерадостная, с красивым голосом с хрипотцой. У неё родилась дочка, и после этого мы ещё пару раз пересекались.

Каждый раз она вспоминала мою Владу: «Я её помню с того самого вечера. Такая была маленькая, красивая — и держала в руке котлету!» Смеялась искренне, тепло. Казалось, у неё всё хорошо.

А потом, спустя лет восемь, я узнала — Инны больше нет.

Повесилась.

Это было как удар. Никто бы и не подумал.

Позже, уже в 2020-м году, в Лисичанске, я разговаривала с Сергеем: сказал, что у неё была депрессия. Глубокая, но незаметная. Он остался один с дочкой. Больше не женился.

Часто боль прячется за красивыми улыбками.

Вот это запомнилось навсегда.

Глава 4. Будь осторожен со своими желаниями

Несколько лет назад я погрузилась в НЛП. Это меня заворожило. Для тех, кто не в теме: НЛП — это не какая-то секта и не магия. Это нейролингвистическое программирование. Звучит страшно, а по факту — просто способ понять, как работает мозг, восприятие и язык. Проще говоря, как ты сам себя программируешь своими словами, мыслями и реакциями. И, что особенно приятно, если уж мы себя как-то запрограммировали, то можно это и перепрошить. Без шаманов, просто через осознанность. Потому что всё, что раньше казалось запутанным и тяжёлым, вдруг оказалось простым. Разложенным по полочкам. Системным. И с тех пор я смотрю на многие вещи по-другому — особенно на то, как формулируются желания и почему они сбываются... именно так, как ты (иногда сам неосознанно) запросил.

Вселенная — она, конечно, добрая. Но ещё и с чувством юмора. Так что, если просишь — проси конкретно. Без «авось», без намёков. Потому что вселенная, как добрый бармен, может налить — но не факт, что именно то, чего хотел.

Вот, например, мой муж — Роберт. Для всей моей семьи он именно Роберт, а не «Боб». Потому что как только я представила, как мои родные будут тянуть «Бо-о-о-об» с ударением на «о», — меня передёрнуло. Поэтому с самого начала всех приучила к нормальному имени — Роберт. И так буду называть его здесь.

До меня у него была вторая жена. Они прожили вместе то ли 18, то ли 20 лет — не суть. Главное, по его словам, всё у них было очень... ровно. Без всплесков, без

31

конфликтов, без разговоров. Она его подобрала в тот момент, когда он был в полной заднице: после развода с первой женой, в депрессии, бухал, жил один.

Она просто появилась — и осталась. С первого дня. Без претензий, без разговоров. Она всегда говорила: «Как хочешь». На вопрос: «Что будем смотреть?» — «Что ты хочешь». «Куда пойдём?» — «Куда скажешь». Полный дзен. Или полное отсутствие себя — как посмотреть.

Когда я у него спрашивала: «А вы о чём вообще разговаривали?», он задумался и выдал: «Ну, вот сидим в ресторане, смотрим на стену... Белая. И обсуждаем, что она белая». Я сначала думала — он шутит. Нет.

Видимо, вселенная запомнила эту его заявку на «тихую, покладистую женщину». А потом решила пошутить. Потому что через несколько лет в его жизнь ввалилась я. С громким голосом, с инициативой, с акцентом и без английского.

2009-й год. Эта история произошла спустя всего три года после нашего переезда в Америку. Я пришла в сервис менять масло, взяла русскую газету, а там — объявление: «Ищем русскоязычного продавца». Подошла в шоуруме к менеджерам, ткнула пальцем: «Это я». Они: «Заполни заявление». Через пару недель — звонок: «Приходи». Приняли. На телефоны, не на продажу. Я тогда вообще по-английски толком не говорила. Более того — когда я только устроилась на работу, я даже не могла отличить Toyota от Chevrolet. Вот так. Но! У меня не было ни грамма стеснения. Я знала, что приехала сюда всерьёз и надолго — и значит, язык придётся освоить, хочешь ты того или нет. Поэтому я просто говорила. Как умела. С акцентом, с ошибками, с жестами, но говорила. Мне было всё равно, понимают меня или нет. Главное — не молчать.

А ещё у меня было чувство юмора, наглость и внутренняя установка: «Я не просто гость. Я здесь останусь».

Так что, если вы когда-нибудь слышали, как я объясняю клиенту про машину, используя три английских слова, два русских и мимику шимпанзе — знайте: я учила язык. В бою. А харизма — да, при мне всегда.

Так вот, Роберт, видимо, когда-то что-то попросил у вселенной. И она дала. Сначала тихую, покладистую бывшую. Потом меня — бурю в пустыне.

И жизнь его с этого момента пошла совсем по-другому. Уже не «белая стена в ресторане», а огонь, ветер, живой напор и танцы под дождём. Скучно не было. И уже не будет.

Так что, если просишь — проси чётко. Потому что вселенная, она слышит. Но иногда отвечает с иронией.

Формулируй свои желания с максимальной конкретикой. Или... получишь Лану. Весело, громко и пожизненно. В общем, как заказывал — только с сюрпризом.

Оказалось, что многие вещи, которые казались сложными, на самом деле — элементарны. Просто никто не объяснял, как они устроены. Как формируются паттерны. Как работает восприятие. Как слова могут менять всё — и как важно, КАК ты формулируешь свои желания.

И если смотреть на эту ситуацию с Робертом через призму НЛП, то всё встаёт на свои места. Он подсознательно сформулировал запрос: «Хочу женщину, которая меня не трогает». Получил. А потом — новый запрос: «Хочу огня». И вселенная выдала. Со всеми бонусами. Потому что да — всё, что ты формулируешь, может сбыться. Вопрос в том — насколько ты к этому готов.

Глава 5. Это тебе не Валера

1994-й год. Мобильных нет, интернет — это миф, а я — в педучилище работаю, в процессе расставания с первым мужем, Арсеном. И тут — звонок. Не на мобильный, конечно, а в приёмную директора. Это вообще был единственный телефон на весь этаж. Вызывают меня: «Беги домой, тебя грабят!»

Жили мы тогда в двадцати минутах ходьбы от работы. Я, понятное дело, на всех парах — лечу. Прибегаю, дверь открыта, полквартиры вынесено. Ну, норм. Ага, норм, потому что это, оказывается, Арсен приехал. С машиной, с ребятами — забрал свою половину. По нашей договорённости. Ему — часть мебели и «спасибо, до свидания». Всё по-честному. Только вот соседи, не в курсе, подняли ор. «Грабят! Милиция!» — всё как надо.

Приезжает участковый. Ну, почти участковый. Милиционер. Молодой. Стройный. Красавец. Это и был Богдан. Всё выяснил — никто никого не грабил, просто бывшие делят имущество мирно (ну почти). Через неделю он пришёл «опросить меня повторно». Ну да, «опросить». А потом ещё и «понаведываться». А потом — «давай встречаться». А потом — «можно я у тебя поживу?» И вуаля — Богдан переехал ко мне.

Теперь внимание: первая ночь. Не та, о чём ты подумала. Прямо наоборот. Богдан, 23 года, худенький, высокий, волосы густые, чёлочка набок — такая, знаешь, как у киношных красавцев. И форма милицейская. Ну хорош, не отнять.

Раздевается. Всё аккуратненько складывает на кресло. Ложится. В трусиках. И в белой майке. Майка, мать её, заправлена в трусы! Вот в таком виде он спал. Ровно месяц. МЕСЯЦ. Без интима. Просто — мальчик в трусиках. А я лежу рядом и думаю: «Вот это поворот».

Но — терпеливо. Потому что не всё сразу. Потому что характер у меня такой: сначала наблюдаю. А если смешно — смеюсь внутри. В лицо не ржу. Почти.

И вот, на этом фоне возникает вопрос: а при чём тут Валера?

А Валера — это как раз тот парень, с которым у меня был чисто телесный роман между Арсеном и Богданом. Он приезжал из Северодонецка. Качок. Плечо у него — как скала, бицепс сорок сантиметров — без шуток. И да, у нас была абсолютно прозрачная договорённость: только секс, никаких «а куда мы идём как пара» и не надо «знакомиться с родителями». Приятный человек, с ним можно было и в кафе сходить, и поговорить. Не стыдно.

Но когда появился Богдан — с его майкой в трусах — Валера автоматически исчез. Потому что договор был честный, без соплей и претензий.

Вот и вся история. А теперь скажи: это тебе не Валера.

Так что — да. Это был не Валера.

И чтобы было ясно — я не смеюсь над Богданом. В ту первую ночь, когда он аккуратно сложил одежду, надел белые трусы и майку, заправленную внутрь, — это запомнилось мне не как смешной момент, а как знак. Он нуждался в порядке. В контроле. В чётких границах. Может быть, это был его способ показать уважение, быть «правильным». Но даже тогда, молча лёжа рядом, я уже чувствовала, насколько мы чужие.

Мы прожили шестнадцать лет под одной крышей, но так и не встретились по-настоящему. Мы спорили больше, чем разговаривали. Мы не слышали друг друга, даже когда говорили вслух. Он ждал тишины, которой я не могла быть. А мне нужна была близость, которую он не знал, как дать. И со временем эта невидимая дистанция стала тяжелее любых ссор.

Я помню, как в ту первую ночь лежала и смотрела в потолок, думая: «Неужели это теперь моя жизнь?» Оказалось — да. На какое-то время.

Но даже самые тихие ответы приходят.

Главное — быть готовой их услышать.

Глава 6. Как умели.
Ремень, куколка и антидепрессант эпохи

Когда я думаю о детстве, у меня в голове не картинки с утренниками и качелями. Самые яркие моменты моего детства — это когда меня воспитывали. Тогда это так называлось. Сейчас можно называть вещи своими именами, но тогда — ремень с тяжёлой бляхой, шланг от самогонного аппарата, который висел в ванной на змеевике — это всё было частью «воспитательного процесса». Я ненавидела этот шланг всей душой. Он был как символ — страха, беспомощности и того, что у нас дома было что-то «не то». Я с детства знала, что самогон — это нелегально. Родители закрывали двери, не разрешали никому входить и отвечать на звонки. Значит, боялись. А если взрослые боятся — ребёнок чувствует это кожей.

Кстати, почему самогон варили дома? Потому что в магазине — очередь, качество непредсказуемое, а так — своё, родное, с пузырьками. Контроль, конечно, был. Но если у тебя на кухне кастрюля, змеевик и балкон для охлаждения — ты уже почти промышленник. Правда, подпольный. Это как домашний стартап, только со спиртом.

Панические атаки у меня начинались не от ударов. А от момента, когда она шла за шлангом. Когда уже понятно, что не сбежать. Ожидание — вот что самое страшное. Потом — синяки, полоски, которые держались неделями. И мысль, от которой было не по себе: а вдруг ей

37

это нравится? Вдруг ей, взрослой женщине, приятно бить своего ребёнка? Вот тогда во мне включился инстинкт: надо угождать. Надо делать, как ей удобно. Надо стать удобной. И ещё — не спорить.

Потому что я быстро поняла: если у человека нет приёмника, то можно сколько угодно говорить — он не услышит. Это как радио, которое всё время транслирует, а рядом — только глухая стена. Или ты на частоте FM, а собеседник — на СВ. Ты ему: «мне больно», а он тебе в ответ: «а нечего было себя плохо вести». И ты осознаёшь, что говоришь не с человеком, а в пустоту. Эхо не возвращается. И тогда молчание — это не слабость, а экономия энергии. Не влезать, не доказывать, не тратить.

Мама работала с утра до вечера. Мы были в школе, а она — на ногах с семи до семи. Когда она возвращалась, я наблюдала за ней с девятого этажа. Уже по походке могла понять, что будет. Если шла быстро — значит, трезвая. Значит, будет проверка дневника и оценок. Если шла чуть вразвалочку — можно выдохнуть: расслабилась. Она не была алкоголичкой, нет. Но у них была традиция: после работы выпить «для снятия стресса». Своего рода антидепрессант эпохи. Спортом никто не занимался, психологов не существовало. Выживали, как умели.

С учёбой у меня всё было отлично. Я была отличницей. Но мать всё равно проверяла. Особенное внимание — к русскому языку. Там всегда было «что-то не так». Грамматика, ошибки, неряшливость. Поведение — идеальное. Дневник блестел. Но если ей хотелось придраться, она находила способ. Поднимала трубку телефона, рылась в вещах. Если находила что-то — всё, ты труп. Если нет — превращалась в добрую, щедрую тётеньку. Давала десять рублей «на себя». В 80-х это были огромные

деньги. Я шла в магазин и покупала себе кукол. Не дешё-
вых — дорогих, с мягкими руками, настоящими волоса-
ми. Я играла в «учительницу». Моя первая учительница
была как богиня. Высокая, с осанкой, строгая. Мне хотелось быть такой же. Умной, уверенной, нужной.

В седьмом классе у меня была дублёнка. Не просто
тёплая — шикарная. Модная, с идеальным кроем, стоила
триста рублей. Для сравнения — зарплата учителя тогда
была около девяноста. У моей матери были связи, возможности и характер. Она умела доставать. Умела обес-
печивать. И делала это не понтов ради, а потому что считала: если у ребёнка может быть лучшее, значит, так
и должно быть.

И вот я прихожу в школу в этой дублёнке. Просто иду
на урок. А учительница по математике, женщина с яв-
ным внутренним чёрным поясом по пассивной агрессии,
мне заявляет: «Не стоит одеваться дороже своих учителей». Сказала тихо, с ядом, но так, чтобы услышали все.
Я тогда не поняла, что не так. Что я должна была носить?
Пальто подешевле, чтобы никого не травмировать? Я
просто стояла, как нормальный ребёнок в нормальной
одежде. Но ей, видимо, было больно на контрасте.

Потом она влепила мне тройку. Единственную в жизни. За что? За уравнение, которое я решила правильно,
но «не так оформила». За эту тройку я огребла дома как
положено. Мама вникать не стала. Взрослый поставил —
значит, по делу. Тогда я поняла: не все взрослые умнее.
Некоторые просто старше. И не каждый учитель — учитель. Иногда это просто человек, который мстит ребёнку
за чужую уверенность.

Сейчас я не держу зла. Ни на мать, ни на учительницу. Я понимаю, что мама любила — как могла. По-своему. Через контроль, страх, силу. У неё не было инстру-

мента, чтобы любить иначе. В её лексиконе не было слов «спорт», «терапия», «перезагрузка». Была работа, быт, усталость и обязательства. А всё остальное — на автомате. И если в этой автоматике она находила место для кукол, дублёнки и десяти рублей — значит, это была её форма любви. Такая, какая получалась.

И как бы это ни звучало — я потом сама стала такой. Я ведь тоже «воспитывала». Так, как воспитывали меня. Не потому что злая, а потому что я не знала, что можно по-другому. Когда человек не знает другого способа — он действует так, как умеет. И я тогда умела только так. Пороть. Повышать голос. Давить. Потому что с этим я сама выросла, и другого шаблона не было.

Моему сыну сейчас тридцать четыре. Но до двадцати восьми лет он мне это вспоминал. Упрекал. Говорил: «Ты меня била». А я в ответ: «Я воспитывала. Я старалась сделать из тебя человека. Я не знала, что можно по-другому». И только в двадцать восемь я ему сказала: «Хватит. Перекладывать свои неудачи на то, что тебя в детстве пороли. Дальше — твоя жизнь, твой выбор». После этого он больше не поднимал эту тему. Я знаю — он не забыл. Но и не говорит.

А я? А я просто рано поняла, что выживать — это не плакать. Это наблюдать. Анализировать. Молчать, когда надо. Отступать, когда нет шансов. Но не терять себя. И точно знать: однажды всё будет иначе. Потому что я выберу — по-своему.

Сейчас я понимаю: у каждого периода в жизни — свои ресурсы. На каких-то этапах мы умеем только выживать. На других — уже можем понять, услышать, отпустить. Если бы я сегодня, со своим нынешним опытом и знаниями, снова растила маленького сына — я бы делала всё по-другому. Без крика. Без ремня. Без страха. Но тогда я была другой. И могла только так.

Это не оправдание. Это факт. Мы действуем так, как умеем — и только потом понимаем, что можно было иначе.

Потому что круг замыкается. Бабушки, родители, мы — мы всё делаем так же, потому что по-другому нас не учили. Потому что передаём не только рецепты и привычки, но и модели поведения. И кто-то должен этот круг разорвать. Кто-то должен сказать: «Стоп. Хватит. Я больше так не буду». И если никто до тебя этого не сделал — возможно, именно тебе и придётся.

Глава 7. Мамонт, квартира и родовые приветы

Иногда кажется, что всё было случайно. Ну подумаешь — пришёл на вызов, познакомились, остался. Но если копать глубже — ничего случайного. Все приходят за своим. Кто-то — за опытом, кто-то — за болью, кто-то — за квартирой. А иногда всё сразу.

Богдан: Бог дал, Бог забрал.

Познакомились мы в начале 90-х. Он был молодой мент, только из армии, маршрут Лисичанск—Северодонецк, стройный, в форме, с намерениями. На вызов ко мне пришёл — а дальше закрутилось.

Позже он сам признался: когда увидел, что женщина одна, с ребёнком, и квартира — его ментовская логика сразу включилась. Мол, может, что-то и выгорит. Если что — её с ребёнком выгоню, а сам останусь в квартире. Это его слова. Не мои. Он это мне сказал уже через несколько лет совместной жизни. Без стыда, просто как факт.

Кажется, сначала у меня внутри включилась Проня Прокопівна на максималках. Вся! От изящного подъёма брови до внутреннего возмущения на три драматических акта с антрактом на чай с валерьянкой. Я прям услышала внутри себя этот голос, пропитанный украинским театром и личной трагедией: «То ви, значиця, не мене любили... а то шкварчала ваша папіроска на вид моего балкона!»

Вот честно, в тот момент я поняла, что он, возможно, спутал меня с недвижимостью. Видимо, когда я влюблённо смотрела ему в глаза — он прикидывал, сколько у меня квадратных метров. Когда я варила

42

борщ — он, наверное, мысленно перепланировку рисовал.

Ну что ж, ошибочка вышла, Богдан. Это не я Проня. Это вы — Голохвостый. Только без харизмы. И с очень слабым бюджетом. Всё. Занавес. Оркестр. Фальшь ресниц. И аплодисменты внутри черепной коробки.

Потом, наверное, я успокаивала себя: либо я ему понравилась больше, чем он сам ожидал, либо он понял — не та я, чтоб так легко отделаться. Вскользь, между строк — но суть была: сначала мысль была не про семью, а про выгоду. И всё равно остался. Видимо, или втянулся, или понял, что квартиру так просто не отберёшь — потому что я не из тех, кто сдаётся.

А теперь психологический момент. Человек не один. В каждом — толпа. Есть субличности: на работе — профессионал, в семье — жена, в больнице — пациент, в магазине — экономист. У Богдана они включались по расписанию. Снаружи он был парень-стандарт: вежливый, приличный, даже обаятельный. На фоне других — вообще почти святой: не пил, не курил, не дрался, не орал. Добрый мент, как сказочный зверёк. Но дома... дома он становился другим. Если мнения не совпадали — а они у нас практически никогда не совпадали — начиналось кипение. Иногда — до точки взрыва. Один раз он меня избил. Подробности — не расскажу, не хочу травмировать Владу. Но после таких ссор всегда шёл «откуп» — дорогие подарки, вещи, кофты. Покупал, как будто заглаживал вину деньгами, которых у нас и так впритык.

Это был единственный мой брак, в котором я чувствовала себя бедно. После детства, где всё было, после первого мужа — шахтёра-мастера, у которого деньги текли, как уголь в забое — здесь было... как бы сказать... на сое. Буквально. Жили в девяностые, а это не просто десятилетие, это как будто тебя на выживание скинули без инструкций. Там не мечтали — там соображали, как

43

прожить на «ничего». Вместо холодильника — пустая коробка с надеждой. Вместо колбасы — талон. Если от моих родителей не принесём мяса или какой-то нормальной еды — шли в магазин за соей. Соей! И крутили из неё котлеты. Запах — как будто варили картон с носками. Дерьмо? Да. Ели? Тоже да. Потому что в то время жрать — это уже успех.

В 90-е вообще всё было на грани: денег нет, зато «демократия». На полках — пыль, в голове — тревога, в стране — бардак. Магазины, в которых раньше продавалось «всё», превратились в музеи полупустых полок. Очереди были не за айфонами, а за мылом и «Чумак майонез». Люди носили свитера, связанные бабушками из ниток, распущенных с прошлых свитеров. Модно не было — было «лишь бы не мёрзнуть». Детям покупали ботинки «на вырост», а себе — если осталось. В такие времена не до разговоров про чувства и совместное развитие. Там максимум — это если не ругаемся, и есть что поесть. И под этим всем — я, женщина с дипломом, с амбициями, с характером. И муж, который вроде рядом, но уже не со мной. Потому что у кого не было внутреннего стержня в 90-е сдувало первым.

После ссор — подарки. И вот тут начинается тонкая психологическая трещина: я начала к этому привыкать. Как будто мои нервы — валюта. Чем сильнее истерика — тем дороже кофта. И я ловила себя на том, что даже хотела поскандалить — чтоб потом хоть что-то от этого получить. Ужасно? Да. Но логично. Особенно, когда любви в чистом виде нет — ищешь компенсацию.

Мы прожили вместе три года — и только потом я забеременела Владой. Всё шло ровно, как у всех: дом—работа—магазин. Но один разговор до сих пор у меня в голове. Он как-то между делом выдал: «Ну, кто знает, чей это ребёнок... но уже ничего не поделаешь, мне ж теперь с этим жить». Я встала как вкопанная: «Ты что, охре-

44

нел?!» Никаких поводов, никакой ревности — никогда. На вопрос он, конечно, не ответил. Как всегда — перевёл разговор. Мастер в этом был. Сейчас думаю: может, поэтому мы и поженились, когда я уже была на седьмом месяце. Не от любви — от «ну, уже всё».

Когда Влада родилась, стало ясно без слов. Вся в него. Черты, мимика, выражение глаз. Даже спорить было глупо.

Богдан знал, что у него есть отец. Тот не умер, не исчез — просто пил. Алкоголик. И он его вычеркнул. Сказал как отрезал: «Он мне не нужен». Думал, что тем самым избавился от проблемы. Но с отцом он вычеркнул и свою опору. Потому что корни, даже больные, нельзя отрубить без последствий. Это как выдрать розетку и надеяться, что лампочка будет светить. Отказ от отца — это отказ от части себя. И потом вся мужская линия начинает гнить изнутри: самооценка, деньги, отношения, мужская сила. Всё, что должно быть стволом, становится трещиной. А дальше — пустота, обида, протест, который никто не понимает.

Предки передают не только генетику. Они передают страхи. Убеждения. Долги. И если кто-то в роду не вытянул, ты будешь это нести. Сын за отца ответит. Не как кара — как эстафета. Если ты не принял, не осознал, не поблагодарил — эта карусель крутится дальше. Буддисты бы сказали: это твой родовой счёт. Ты не просто так рождаешься в семье. Ты пришёл, чтобы что-то понять, что-то остановить. Или начать. Но если не справишься — это уйдёт детям. А они не просили.

Через шестнадцать лет совместной жизни мы разошлись. Вернее — он ушёл. Он и раньше уходил, не один раз. Но каждый раз возвращался. И я принимала. Знаешь, как это бывает — уже всё понятно, но сердце догоняет с опозданием. А в этот раз я смогла. Смогла не впустить. Смогла отрезать. Навсегда.

А потом выяснилось, что у него появилась онлайн-любовь. Вернее, старая любовь на новой платформе. Алёна. Его бывшая девушка, ещё до меня. Он был в армии, она его ждала. А потом вернулся, и мама сказала: «Нет». Не та, мол, девочка. И он послушался. Всё оборвал. А сейчас — снова нашлись. Интернет, судьба, тоска по молодости — всё в куче. И, видимо, это и стало для него оправданием. Как бы возвращение к тому, что «не успел». Только с чужой женой и чужим ребёнком. Точнее — со своими, но не в его голове.

А когда дошло до алиментов — он снова вспомнил свою «неуверенность». Потому что за двести тридцать семь долларов он судился три года. Не за машину, не за участок земли. А за двести тридцать семь. Это уже не про деньги было. Это про внутренний протест. Про то, что он сам себя не чувствовал мужиком, и не мог вынести, что рядом женщина справляется лучше.

А ещё отдельная история — про подруг. Вернее, про их отсутствие. Потому что у меня, по факту, не было даже права выбирать, с кем дружить. Почему? Потому что у Богдана в голове жила особенная, эксклюзивная логика. Какая — неизвестно. Схемы там не просматривались, карта маршрутов — засекречена. Но одна установка у него была жёсткая, как свод внутреннего Уголовного кодекса: если женщина курит — значит, она б...ь. Всё. Без нюансов, без сносок, без права на апелляцию. Это он так и говорил вслух. Громко. Уверенно. И абсолютно всерьёз.

Я однажды на работе начала с девчонками покуривать. Просто потому что коллектив, пауза, чаёк — ну, затянулась разок.

Они, конечно, обалдели: «Ты?!»

Я говорю: «Да, у нас там, понимаешь, если куришь — сразу б...ь. Так что я решила проверить».

Посмеялись. Все всё поняли. И я сама, если честно, в какой-то момент уже начала думать: ну давай, Лана, попробуй, может, станешь. Нет, не стала. Что бы он там себе ни напридумывал, доказать ему это так и не удалось. Хотя я потихоньку покуривала. Перед тем как зайти домой — жвачка, духи, ветер в лицо. Иногда он меня нюхал. Да, просто стоял и нюхал, как собака на досмотре. Но как-то обходилось. Я делала круглые глаза: «Да, девчонки курили, я рядом стояла». И всё, тема закрыта.

Слава Богу, у меня была Оксана. Вот она мне «разрешалась». Как будто визу в подружки открыли. Она как-то на него действовала правильно — не раздражала, не вызывала подозрений, не курила на людях. Поэтому к ней я могла ходить. Иногда. По предварительной записи.

Квартирный вопрос и ментовские мультфильмы

1999-й год. Мы в нашей однокомнатной квартире: я, Богдан, двое детей, включая маленькую Владу. Прямо уютная бытовая теснота: семья в комплекте, кастрюли по расписанию. Я ему говорю: мы продаём квартиру. Он глазами хлопает — не понял. Я повторяю: продаём эту квартиру и покупаем трёшку. Переводя на американский: из студии переезжаем в two-bedroom. Он завис. А я ему уже всё объяснила: я нашла, где покупаем, у кого, кто у нас покупает, с кем договорилась. Всё. Сделка века.

Продавала нашу однушку за $1100, трёшка — за $1300. То есть почти равноценный обмен. И тут он выдаёт: «А где мы возьмём эти двести баксов?» И у меня внутри всё зависло: ну камон, это не ракета в космос. Даже в 90-

е — это сумма, которую можно было наскрести, если не паниковать, а включить мозги. Но он — не из таких. Он из тех, кто не принимает решений, если в них есть хоть капля риска.

Окей. Я пошла решать. Поговорила с женщиной, которая у нас покупала: она продавала свою, у неё остались деньги, и она просто одолжила. Всё. Готово. А Богдан в этой истории — как тумбочка. Стоит, не мешает, но и не помогает. Потому что если надо самому что-то придумать — паника. А если кто-то принёс и положил — с радостью соглашается. Мягкий, ведомый, без внутреннего драйва. Мне тогда это казалось слабостью. Сейчас я понимаю — это была форма выживания. Просто не моей школы.

Участковый... Он уже тогда работал в милиции. И это были как раз те годы, когда милиция срослась с бандитами. Всё крышевалось: от ларьков с пивом до подпольных точек, где торговали всем — от сигарет до тел. Взятки шли потоками. Хочешь разрешение — плати. Хочешь, чтоб дело «потеряли» — тоже плати. А иногда дела просто продавали: находили какого-нибудь наркомана без рода и племени, и он за дозу подписывал признание хоть в убийстве, хоть в поджоге. И система работала: быстро, эффективно, бесчеловечно. Свои — на свободе. Удобные — в тюрьме. Никто не проверял. Власть была у тех, кто в форме и с пистолетом. А совесть, если и была, давно ушла в отставку.

У Богдана была возможность встроиться в эту «систему». Его коллега — вообще купался в этом болоте: крышевал, решал вопросы, брал с рук. И иногда «подкидывал» и Богдану — по дружбе. Типа на мороженое. Я ему говорила: «Ты чё, сам не можешь? У тебя же всё под носом». А он — нет. Говорил: «Боюсь. Посадят». Хотя все вокруг брали и не боялись. Потому что у таких, как он, страх сильнее жадности. И, может, это его и спасло. А может — лишило шансов выбраться.

Его любимой фразой была: «Лучше синица в руке, чем журавль в небе». Он её повторял, как заклинание. И я тогда ещё не понимала, насколько эта пословица точно описывает всю его суть. Он выбирал не то, что лучше — а то, что безопаснее. То, что уже есть. То, что не страшно потерять, но и не вдохновляет. А ведь синица — это удобно. Надоела? Отпустил. Журавль — это цель. Это риск. Это про то, что ты идёшь в неизвестность. Таких людей журавли пугают. Потому что чтобы подняться в небо, надо оторваться от земли. А у него страх был как якорь. Глубоко вбитый, с детства. Страх ошибиться. Страх не справиться. Страх, что кто-то увидит, что ты — не герой.

Страх — это древний механизм. Он не про правду. Он про сохранность. Он не спрашивает: «Ты этого хочешь?» Он говорит: «Сиди тихо, не лезь». И если у человека нет примера, что можно пройти через риск и вырасти — он и не двинется. Будет хвататься за «синиц» и кричать, что «это тоже счастье». Хотя сам будет смотреть в небо — с обидой. На журавля. И на того, кто рискнул.

Если ты читаешь это и ловишь себя на том, что боишься — это нормально. Но просто помни: страх не охраняет твою жизнь. Он охраняет точку, на которой ты стоишь. А жизнь — она всё время течёт. И если ты не идёшь — она идёт мимо.

Нет, у меня не было цели его посадить. Я вообще за него тогда держалась — у меня на руках двое детей. Но он, похоже, в голове сам себе кино прокручивал: что я его сдам, что за решёткой окажется, что я всё специально. Потому что такие, как он, живут не в реальности, а в своих ментовских фантазиях: все враги, все опасны, кругом заговор.

Хотя был эпизод. Три года до этой квартирной истории. Он поднял на меня руку. Сделал это, как он считал, «профессионально» — без синяков. По голове, по ушам.

Там, где не видно. С выкручиванием рук. Я выбежала в слезах, без телефона — тогда у нас не было даже домашнего. Побежала к соседу напротив — тот только из тюрьмы вышел, жил с матерью. У него был телефон. Я постучала, он впустил. Увидел меня, всю в слезах, спросил: «Что случилось?» Я рассказала. Он посмотрел и говорит спокойно: «Хочешь, я сделаю так, что он завтра исчезнет?»

Вот тогда я испугалась. Но и — не скрою — было так странно тепло от того, что хоть кто-то за меня. Первый. Не родня, не друзья — сосед, уголовник, но настоящий мужик. А потом, когда родные узнали, отреагировали в стиле 90-х: «Ну, а что ты хотела? Он же мент. Всё равно ничего не докажешь». И мне стало так обидно. Как будто я — никто, а он — неприкасаемый. Потому что форма. Потому что система.

Но я не стала мстить. Я тогда поняла: месть — это не моя история. Я не хотела быть тем человеком, из-за которого кого-то убили. Хоть он и ударил. Хоть и по-ментовски. Хоть и трус. Я просто хотела, чтобы это всё закончилось. Чтобы я могла дышать без страха, что в следующий раз не будет так «аккуратно».

С такими, как Богдан, ничего не докажешь. Он всегда прав. А все остальные — дебилы. Он живёт в мире, где если женщина что-то делает без его разрешения — она враг. А если делает лучше — тем более. Он не мог быть с женщиной, которая принимала решения, двигалась, шла вперёд. Потому что сам — стоял. И не хотел ничего менять. А я — шла. Потому что иначе — засосало бы. Вместе с соей, с долгами, с его страхами и нерешительностью.

И вот тогда я поняла: если не буду принимать решения — утону. А он даже не заметит. Потому что он будет занят очередным внутренним диалогом. Со своими ментальными мультиками.

Глава 8. Свобода — как короткая юбка и татуировка

Когда я рассталась с Богданом, я впервые оказалась по-настоящему в настоящем. Без фона. Без подколов. Без чувства, что за мной кто-то дышит с фразой «ты куда это...». Просто я — настоящая. Со своими желаниями, телом, мыслями. Даже Влада, моя дочь, сказала:

— Мама, тебе так раньше надо было.

А я подумала: «Да. Но раньше я была не я».

Все эти годы я жила вроде бы свободно — но под постоянным, почти невидимым контролем. Не было грубых запретов: «не ходи», «не делай». Было хуже. Была вечная подача в стиле: «А зачем тебе короткая юбка? Посмотри на свои ноги. Тебе уже сколько лет?» И самое забавное — мне ещё не было и тридцати. Весила я 50 кг. С ногами у меня всё было в порядке. Даже чересчур. Но кого это волновало, если самооценку обнуляли с порога?

Это не забота. Это тактика: держать на поводке через сомнение. Сенека бы сказал: «То, что ты терпишь — ты и поддерживаешь». И вот я это терпела. А значит — сама в этом участвовала. Без крика, без открытого конфликта — но молча.

Когда он ушёл, я на следующий же день сделала себе перманентный макияж: губы, стрелки — всё. Нарастила волосы. Купила себе новую одежду. Много. Яркую. Не по погоде — по настроению. И знаешь, это даже не было бунтом. Это было как вернуться к себе самой, которую я где-то оставила в двадцать три года, когда начался этот медленный душевный подкоп.

51

До этого момента — макияж, волосы, яркие вещи — всё это было как будто в параллельной вселенной. Слово «мода» вообще не входило в мой словарь. Не потому что я не любила красиво одеваться, а потому что всё покупалось «на года». У нас в ходу была фраза: «Мы не такие богатые, чтобы дешёвое покупать». Поэтому сапоги выбирались так, чтобы пережили зиму, весну, осень и две моральные катастрофы. А на третий год ты уже смотришь на них с ненавистью, но продолжаешь носить — потому что «ещё же целые».

Это не про стиль. Это про выживание с налётом самопожертвования. Ты не одевалась, чтобы нравиться себе. Ты одевалась, чтобы не провоцировать чужое недовольство. И вот когда я осталась одна — я впервые пошла и купила одежду, потому что захотелось. А не потому что пора, или сносилось, или «на распродаже было». И это было как выйти из чёрно-белого в Technicolor.

Помню, уже с Робертом, как-то осторожно спрашиваю:

— А как ты относишься к татуировкам?

Он даже не поднял брови. Просто сказал:

— Это твоё тело. Делай, что хочешь.

И у меня произошёл сбой системы.

— В смысле?.. Ты не против? Ты не скажешь, что это некрасиво, неуместно, не по возрасту, не по статусу, не по чьей-то бабушке?!

— Лана, ты взрослый человек. Хочешь татуировку — иди и делай. Зачем ты у меня разрешение спрашиваешь?

И вот тут меня накрыло. Потому что я поняла, что где-то в мире действительно есть мужчины, которые не считают твоё тело своей собственностью. Которые не считают своим долгом высказывать мнение, если их не спрашивали. Которые не воспринимают твои желания как угрозу своему авторитету.

До этого момента я, как выяснилось, жила в системе разрешений. Всё можно, но «не сейчас». Всё доступно, но «тебе это не надо». Всё в рамках — но не твоих.

А с Богданом — это вообще было отдельное кино. Он самооценку не просто не поднимал — он её, как ковер, регулярно выбивал. Не в лоб. Не оскорблениями. А вот этими вечными сравнениями, подколами, сомнениями, фразами в духе: «Зачем тебе институт? Я два курса отучился — и норм». (А то, что он бросил, потому что на взятки не хватило, а на мозги не рассчитывал — это так, мелочи.)

Он всегда говорил в таком тоне, будто моё желание чему-то научиться — это угроза его недоделанной уверенности. А когда ты живёшь в этом долго, начинаешь чувствовать себя глупой. Не потому что ты такая, а потому что тебе это внушают. Сомнение становится средой обитания.

Так вот, когда Роберт сказал: «Это твоё тело. Делай, что хочешь». Я впервые услышала в голосе мужчины не контроль, не сарказм, не снисхождение, а доверие. И это — переворачивает всё.

А ещё я поняла одну важную вещь: молчание — это не благородство. Это саморазрушение.

С Богданом я молчала неделями. Молча обижалась. Молча злилась. Молча выгорала. Потому что, как говорится, не буди лихо, пока спит тихо. И потому что внутри жила мысль: если я замолчала, ты же должен догадаться, что ты сделал не так.

Спойлер: никто ни о чём не догадывается. Люди не телепаты. Особенно те, кто привык жить, согласно логике «ты сама виновата, что обиделась».

Когда я начала молчать с Робертом — по старой привычке — он в первые же минуты подходил и спрашивал:

— Ты чего молчишь? Мы же партнёры. Говори. Что случилось?

А я думала: «Неужели ты не знаешь, что я обиделась? Тебе ж должно быть видно!» И тут я поняла: он не понимает, потому что не воспитан в культуре «обиделась — молчи». Он воспитан в культуре «что-то не так — обсуди». Я думала, он глухой. А он просто нормальный.

С тех пор я училась говорить. Училась вытаскивать эмоции наружу, а не варить их, пока они не прожгут меня изнутри. Иногда — крик. Иногда — мат. Иногда — слёзы. Но всё наружу. И знаете что? Это работает.

Потому что всё, что не проговорено, превращается в бетонную плиту, под которой ты потом пытаешься дышать.

И, кстати, никто не ясновидящий. Если ты молчишь и ходишь с лицом «угадай с трёх попыток, что ты сделал не так» — это не тонкая игра, это саботаж. Всё, что болит — надо проговаривать. Даже если голос дрожит. Даже если боишься быть непонятой. Даже если думаешь: «а вдруг я перегибаю». Потому что, если не говорить — будешь либо бесконечно терпеть, либо однажды взорвёшься так, что потом даже разбирать будет нечего.

Когда я вышла из этого брака, я перестала быть пациентом. И начала быть собой. Со всеми побочками — эмоциями, истериками, правом на тату и мини-юбку. Но зато — живая. Не удобная. Не молчащая. Не ждущая одобрения. Просто живая. И, наконец-то, своя.

Из пациента психушки — в королевы. Это была я. Это я себя вернула. А Роберт? Он не просто меня принял — он меня раскусил и раскрыл. Не переделал. Не сломал. А просто убрал с меня чужие фильтры. И дал зеркало без кривизны. А там — я.

Глава 9. Знание
и информационный мусор

Когда я начала реально углубляться в материалы, которые мне были интересны, у меня в голове начало накапливаться огромное количество знаний. Не просто информация из книжек, а что-то прожитое, прочувствованное. Я вникала, копалась, сопоставляла, вычленяла, применяла, отсеивала.

Но в какой-то момент я поняла — мне не с кем этим делиться. Муж не в теме, дочка живёт своей жизнью, а подруг, с которыми можно это обсудить, тоже нет. И мне хотелось не сплетен, а глубины. Мыслей. Понимания. Смыслов.

И тогда я впервые всерьёз задалась вопросом: куда мне это всё девать? Знания без применения, без выхода наружу начинают казаться лишними. Они как будто повисают в воздухе, не находя точки приложения. Я всегда думала: если я что-то знаю, но это не меняет мою жизнь, то зачем мне это знание вообще?

Знания без применения — балласт.

Вот, к примеру, я знаю, что не надо что-то там есть — и всё равно ем. Тогда зачем мне эта информация? Просто знать ради знания? Это как иметь шкаф с одеждой, которую ты никогда не наденешь. Она просто занимает место.

В какой-то момент меня зацепила тема нейронных связей и того, как работает мозг. Что всё, что мы видим, слышим, думаем — это не просто мимолётно, это всё записывается, формируя определённые нейронные маршруты. Как пища, которая попадает в желудок: полезное всасывается, вредное — выбрасывается.

А вот с информацией всё не так просто.

Ты съела что-то — организм сам всё сделает: нужное в энергию, ненужное — в унитаз. Легко, понятно, работает.

А с информацией — нет.

Мозг не может «выкакать» то, что не нужно. Ни с потом, ни через печень, ни через уши. Всё, что ты слышала, читала, видела — остаётся. Даже если кажется, что забыла. Оно записывается. И потом мешает, как мусор на полках.

И я себя спросила: зачем мне знать, что кто-то что-то где-то думает, если это никак не влияет на моё качество жизни, на мои цели, на количество денег на моём счёте?

Ответ — незачем. Это просто шум. Лишний вес для мозга. Запор для мыслей.

Тишина — это фильтр. Поэтому я стала чётко отсеивать, чему и когда я позволяю заходить в мою голову. Например, с утра. Роберт включал мне свои новости в семь утра, как только я открывала глаза. Каждый день. Годы. Одни и те же события — в разных формулировках. Сначала я слушала. Я понимала: ему не с кем это обсудить, кроме меня. Он делился — потому что просто хотел проговорить.

Какое-то время я принимала это. Но потом я честно попросила: не повторяй мне одну и ту же новость по нескольку дней подряд, просто в разных вариациях. И вообще — не говори со мной до девяти утра.

Мне плевать, кто и где кого убил, если я даже зубы не успела почистить. Моя психика не обязана быть помойкой для чужих эмоций и чужого контента. И это не эгоизм. Это гигиена сознания.

Пусть он обижается, психует, злится — это его. А я выбираю не замусоривать свой мозг. Потому что в противном случае я теряю себя. Я теряю те знания, которые для меня действительно ценны. Они тонут в этом информационном дерьме.

Думать — это не тревожиться, это выживать.

Я не просто думаю. Я разбираю. Всё. Себя, людей, ситуации. Это не от занудства. Это привычка выживать.

Если я не понимаю, что происходит — я теряю опору. А если поняла — могу двигаться дальше. Даже через ад.

Пока помню — это моё.

Так я и пришла к тому, чтобы всё, что важно, — записывать. Систематизировать. Оставлять след. Чтобы мои мысли, мои находки, мои открытия не улетали в никуда. Не рассыпались. Чтобы это всё не стало просто балластом в череде прожитых дней.

Если я не могу передать это кому-то — я передаю это себе. Своей памяти. Своему будущему.

Пока я записываю — я ориентируюсь. Я вижу, откуда я пришла и куда иду.

И даже если когда-нибудь я что-то забуду — у меня будет след.

След, который не даст мне исчезнуть.

Глава 10. Бодипозитив: между «прими себя» и «полюби себя в реанимации»

Недавно с подругами обсуждали бодипозитив — эту модную мантру «прими себя такой, какая ты есть». Звучит красиво. Но, как и всё хештеговое, на деле всё куда сложнее.

Давайте проясним: если человек, не дай бог, потерял конечность — конечно, мы обязаны научиться принимать. Или если у кого-то витилиго, родимые пятна, растяжки после родов — ты не сломана, ты человек. И ты имеешь право быть видимой, принятой и уважаемой.

В этом бодипозитив и родился — как защита. Как способ сказать: «Я не урод. Я живой. Я имею право быть». Для тех, кого травили, от кого отворачивались, кого стыдили за то, что он не выбирал. Вот тогда это было по делу. Это имело смысл.

А потом... всё пошло вразнос. Пришли другие и сказали: «А давайте принимать и мои лишние двести кило, моё полное бездействие и то, что я мажу кремом для пяток себе лицо». Самообслуживание стало опциональным. Ожирение стало самовыражением.

Бодипозитив превратился в лень, а лень надела маску самопринятия.

И давайте честно: вы не найдёте ни одного кардиолога или ортопеда, который скажет: «Да, двести килограммов — это прекрасно и вдохновляюще». Нет. Ваши суставы не аплодируют. Ваше сердце не радуется. Ваш скелет не вдохновлён. Тело страдает — молча, терпеливо и неизбежно.

При этом я категорически против стыда и насмешек. Людей не надо пинать — их надо любить. По-настоящему. Так, чтобы сказать: «Ты мне не безразличен. Давай вместе что-то сделаем».

Чтобы сбросить вес, нужно не ненавидеть тело — а любить. Настолько, чтобы не позволить ему тонуть.

Моя мама была королевой бодипозитива. Сто двадцать килограммов, два инсульта, давление за двести, сахарный диабет. И при этом она смотрелась в зеркало и говорила: «Я красивая». И правда — красивая. Но и больная. И ни разу — даже мысли — о том, чтобы похудеть.

А я? Я помню себя ребёнком в советских автобусах — жёлтых гармошках. Лето. Жара. Женщины стоят, одной рукой держатся за поручень, в другой — сумка. И вот эти руки — с дрожащей, обвисшей кожей под короткими рукавами. И я, лет шести-семи, подумала: «я так не хочу». Я ещё не знала слова «фитнес». Но знала — так не хочу. И с тех пор — не ради внешности, не ради лайков — просто ради себя — я двигаюсь. Я тянусь. Я тренируюсь. Я не хочу быть тяжёлой в своём теле.

Мне пятьдесят два. Ничего не болтается, где не должно. Это мой бодипозитив. Не «принимаю деградацию» — а «уважаю свой проект».

А теперь мой муж. Он старше меня на шестнадцать лет. Когда мы познакомились, мне было тридцать семь, ему — пятьдесят два. Сейчас мне пятьдесят два, ему почти шестьдесят восемь. Зять моего мужа, Адам — в сорок три года выглядит как греческий герой: спортзал каждый день, пресс, белок, дисциплина. И вот однажды мой муж видит, что Адам сделал себе тату-волосы — знаете, такие микроточки вместо лысины — и говорит: «Может, и мне так?»

Я промолчала. В первый раз. Во второй. На третий — не выдержала. Говорю: «Может, вместо точек под кепкой ты инвестируешь во что-то полезное? Например, в колени? В спину? Что-то, что действительно держит тебя в вертикальном положении?»

Проблема в том, что мы стали заботиться об иллюзии больше, чем о реальности.

Бодипозитив — это не «игнорировать тревожные звоночки». Если ты весишь двести кило — подумай о километрах сосудов, которые твоё бедное сердце должно прокачать. Подумай о печени. О коленях. О дыхании.

А теперь — другая тема. Мужчины. Те, кто выглядит так, будто десять поколений женились только на кузинах. В одежде, которая проиграла битву со стиралкой. А внутри — боди позитив! «Люби меня таким, какой я есть!» И страшнее всего — иногда рядом с ними красивые, нормальные, умные женщины. И хочется подойти и шепнуть: «Мигни дважды, если ты в заложниках». Мужчины, может, прежде чем требовать безусловную любовь, сначала хотя бы — условную гигиену?

И вот когда кажется, что уже всё видела, вспоминаю разговор с женой моего брата. Она мажет руки кремом для ног, потом хлоп — и на лицо: «Королева красоты!» И ведь красивая, спору нет. Но у меня — культурный шок.

Для неё — нормально. Как и для наших бабушек, которые мазались козьим жиром и сметаной. Было мило, когда бабушка шла в церковь, натёршись подсолнечным маслом. Но времена изменились. Уход за лицом — это не рейд по кухне.

Я смотрю, как она наносит крем для пяток на скулы — и будто вижу сразу и преступление, и ритуал. Эхо поколений: «Используй, что есть, и не жалуйся». В этом есть своя мудрость. Но — баночка нормального крема стоит семь долларов. Можно же уже позволить себе.

Я не призываю к ботоксу, нитям и фейслифтингу до ушей. Но, может, хоть чистку лица раз в пару лет? Настоящую. С паром. С маской. С человеком, который знает, что такое поры. Раз в пять лет — не считается. Лицо — не музей. Ему нужна не консервация, а циркуляция.

Вот и всё. А потом удивляемся, почему дети такие. Особенно — девочки. Смотришь в Америке: в супермаркете — подростки и взрослые тётки — идут за покупками в пижамных штанах. Не после больницы, не после ночёвки — просто «так удобно». Волосы — может, кто-то расчёсывал неделю назад, а может, и нет. И всё под соусом бодипозитива: «Мне удобно. Не нравится — не смотри».

Но как девочка может вырасти, если её мама утром просто встряхнула подушку, на которой спала, и вышла в том же? Если пижама превратилась в повседневный образ, а зеркало стало врагом? Если мама не смотрит на себя — не потому что ей всё равно, а потому что страшно. Потому что там в отражении — усталость, боль, сдавшееся «потом». И дочка всё это видит. И копирует. Потому что не научили. Потому что не вдохновили. Потому что никто не показал: можно иначе. Нужно иначе.

И вот они — сидят за кассой, с гнездом на голове и футболкой с пятном и думают, что это свобода. А это — запущенность. Только тихая. Без крика. Но не менее разрушающая.

Комфорт — это хорошо. Пока он не стал камуфляжем для того, чтобы забить на себя.

Тебе не нужен глам-команд. Но может... зеркало?

Если после этого тебе захотелось расчесаться, переодеться и выкинуть крем для пяток — отлично. Значит, искра ещё жива.

Теперь — зажги её.

Пока не поздно.
Пока ты ещё ходишь сам

А знаешь, что окончательно подтолкнуло меня об этом заговорить? Моя Анет. Она сейчас живёт в Канаде. А в Украине остался её бывший муж. Они были вместе почти двадцать восемь лет. Всё было нормально, без скандалов. Но муж... Я не врач и не могу на глаз сказать, сколько точно в нём килограммов, особенно когда весы уже отказываются показывать цифры — но это явно за двести, может, и далеко. Знаю, звучит грубо, по-хамски, но как это ещё описать? Сейчас ему пятьдесят пять. Колени — как мелкие печеньки. Раздавлены. Ему нужна операция по замене суставов — и срочно. А денег, как всегда, нет. А всё почему? Потому что всю жизнь жил по принципу «ем, пока дают». Как будто это последняя еда в мире. «А вдруг завтра не дадут?» Ну вот, завтра пришло. И завтра не даёт — ни шагнуть, ни встать, ни жить без боли.

И хуже всего — их сын. Мальчику двенадцать. А весит он, как я сейчас в пятьдесят два. А может — и больше. Смотреть страшно. Потому что это умный, добрый ребёнок. Но перед ним каждый день стоит пример — и этот пример ужасен. Не он виноват. Он просто смотрит, как живут рядом. Он впитывает это как норму. Он вырастет в той же системе координат, где «любовь к себе» — это тарелка с горой еды и пижама на выход. И если никто его оттуда не вытащит, если никто не сломает этот круг — он закончится так же, как отец. Колени. Боль. Операция. И одиночество. Потому что бодипозитив не носит за тобой поднос с лекарствами. А дети — они не слушают, они смотрят. И повторяют. В этом — трагедия.

И наступит день, когда ноги скажут: «нет». Кто будет тебя носить? Кто будет обслуживать то, что ты сам разрушил?

Никто не придёт. Только ты. И твои колени.

Так что не говори мне, что это «просто вес». Это — твоё будущее. Твоя свобода. Это — сможешь ли ты подняться по лестнице в шестьдесят, или кто-то повезёт тебя. Станцуешь ли ты на свадьбе внука — или будешь сидеть в углу, задыхаясь от сожалений.

Тело — это не просто оболочка. Это — карта твоих решений. Каждый пирожок. Каждый второй кусок торта. Каждое «ну ладно, с понедельника». Каждый шаг, который не сделан. Каждое «потом», которое уже стало «слишком поздно». Всё это — строчка в твоей истории. Так пусть она будет достойной.

Потому что, если ты не прервёшь это кино — сценарий повторится. Снова и снова. Из поколения в поколение. Одна и та же боль, один и тот же вес, одни и те же колени, которые больше не держат. А всё потому, что кто-то когда-то решил: «Да ладно, и так сойдёт». Не сойдёт. Не в этот раз.

Глава 11. Наш юмор
и их растерянность

Мы с Робертом вместе уже четырнадцать лет. За это время я его, конечно, приучила к своему чувству юмора. Не до конца, но процентов на семьдесят пять он уже адаптировался. Когда я где-то отпускаю шутку (по-нашему, с подковыркой, прищуром и без предупреждения), он уже не пугается — просто качает головой и делает своё фирменное: «Yeah... that's Lana». Иногда ещё переводит шутку с моего английского на их английский — чтобы местные не подумали, что я их только что прокляла. Почти всегда срабатывает.

У Роберта долго не складывалось с моими приколами. Ну, не всё у нас переводится так, чтобы их американский мозг справился. Пример: сидим в ресторане, я, Роберт и Влада. Я — с двумя бокалами вина внутри. Официант — молодой. Симпатичный. Я, естественно, спрашиваю:

— Женат? Есть девушка?

Он такой:

— Эм... нет. А почему вы спрашиваете?

А я:

— Зятя себе ищу.

Тишина. Официант краснеет. Роберт с Владой уже не реагируют — они знают, как это работает. Просто смотрят в потолок. Если официант с чувством юмора — он играет в ответ. Если не очень — теряется. В любом случае, Роберт потом оставляет щедрые чаевые, мол, «извините за неё, у нас культурный обмен».

Когда я только переехала в Штаты, меня часто спрашивали про мою личную жизнь. Ну и я начинала с того, что приехала сюда с украинским мужем и двумя детьми, и вместе мы уже прожили шестнадцать лет. А потом добавляла:

— Через пять лет в Америке я наконец-то избавилась от украинского мужа.

Тут у американцев начинается кино: глаза становятся размером с доллар, они явно представляют себе лопату, лес и мешок с цементом. Поэтому я сразу уточняю:

— Не-не, не закопала. Просто развелась. Всё легально.

Добавляю в шутку:

— Вышла из психбольницы, где я была пациентом этого брака, и теперь счастлива с нормальным мужиком. Настоящим американцем.

И вроде всё нормально, но по глазам видно — напряг остался. Потому что с их логикой мой юмор не всегда синхронизируется. Ну ничего. Я не для всех.

Один из моих любимых случаев был на дилерской, где я работала продавцом. Пришла русскоговорящая семья — не помню, русские или украинцы. Менеджер (чистокровный американец) в конце долгих переговоров, когда всё согласовано и осталось только поставить цену, берёт ручку и рисует смайлик на листе.

Я:

— Не надо. Наши не поймут. Подумать могут, что ты издеваешься.

Он ржёт:

— Я так делаю уже десять лет, все ржут.

Ну... не все. Наши посмотрели, увидели рожицу, и дальше всё было как в кино: крики, мат, руками махали, чуть не подрались. Вылетели из офиса с воплями:

— Вы нас за идиотов держите?! Идите к чёрту!

Ну и всё. Машину не купили. Сделка сорвалась. Менеджер потом только плечами пожал, а я подумала: даже смайлики — это культурная мина.

Вообще, чувство юмора — это такая привилегия, которая, увы, выдаётся не всем. Я, например, считаю, что умный человек — это тот, кто может превратить травму в шутку. И сделать это так, чтобы смешно было не только ему. У меня, видимо, это от отца пошло. Брат тоже иногда может тонко вставить. А вот мой сын — увы. Ни моё, ни чужое чувство юмора не воспринимает. Думает, что шутит остроумно. Мы молчим из вежливости.

А Одесские шутки вообще невозможно перевести. Ну как объяснить на английском:

— Как жизнь?

— Я тебя не понял. Мы шо, уже не в одном государстве живём?

Или:

— У меня нету времени, шоб сидеть здесь для помолчать.

Или:

— Сарочка хотела-таки с утра быть доброй, но к обеду отпустило.

Это же не просто слова. Это внутренний ландшафт. Поэтому когда я с нашими русскоязычными друзьями смеюсь до слёз, а Роберт рядом, я просто ему говорю:

— Не перевожу. Там нет английских слов для этого.

Он уже и не просит.

Вот так мы и живём — между шутками, непереводимостью и чаевыми. Причём чаевые — это, по сути, откупные. За то, что кто-то в этот момент слегка обалдел. За мою спонтанность, за культурный шок, за то, что официант не знал, куда глаза деть. Роберт платит, я улыбаюсь. Расклад понятный.

Ирония и сарказм — две стороны одной медали.

Ирония — это когда ты смотришь на жизнь, видишь бардак и с ухмылкой говоришь: «Ну конечно, ещё только метеорита не хватало». А сарказм — это когда ты смотришь в глаза и говоришь: «Гениально. Просто Ван Гог

66

в мире логики». Одно мягко режет, другое точно бьёт. Я умею и то, и другое. Главное — вовремя и в точку.

А вообще, юмор — это про близость.

Вот Оксана, моя подруга. У неё чувство юмора — просто в десятку. Её юмор тонкий, саркастичный, местами колючий, но всегда к месту. Она может так вбросить фразу, что мы просто ложимся. И главное — никто не обижается. Потому что в этом нет злобы, в этом есть вкус. Это не насмешка — это настройка.

Мы с ней часто подкалываем друг друга, смеёмся над ситуациями, и я чувствую: это мой человек по калибровке юмора. Она умеет рассмешить не потому, что старается — а потому что думает быстро и говорит точно.

А вот с Богданом, моим бывшим... это была беда. Он не просто не шутил — он не понимал, что такое шутка вообще. В гостях все ржут, кто-то лупит что-то с подачей — а он напрягается, как будто его сейчас будут увольнять. Вечно думал, что всё про него. Что его высмеивают, что хотят «уколоть».

Добавим к этому, что он не пил, не танцевал и в целом был ходячим комом недоверия — и становится понятно, почему наши праздники всегда были, как траур с бутербродами.

Поэтому теперь я живу в кайф. У меня есть с кем поржать. С кем выпить вина. С кем пошутить и быть понятым без переводчика и объяснительных записок. А это, между прочим, тоже любовь. Только с интеллектом.

И если в конце этой главы вам захотелось что-то вспомнить, над чем вы смеялись до слёз — это отлично. Не бойтесь шутить. Не бойтесь быть непонятыми. Потому что шутка — это тоже способ быть живым. А живым быть гораздо интереснее, чем просто вежливым.

Глава 12. Первый. По любви

На сегодняшний день у меня за плечами три брака. Да, я человек серьёзный — если уж замуж, то по-настоящему. Мне пятьдесят два. И могу с полной уверенностью сказать: первый брак был по любви. По вот той самой — дурной, бесповоротной, без тормозов.

Мне было пятнадцать. Ему — на шесть лет больше. Вернулся из армии — взрослый пацан Арсен, с кличкой Юстас и моей красивой будущей фамилией.

Восемь лет я была Кальницкая. Надо отдать должное — фамилия у него была отличная. Кальницкая — звучала как поэзия на бумаге. Я носила её, как шёлковый шарф: мягко, красиво...

И сняла не потому, что хотелось. А потому что следующий муж — с фамилией, звучащей как диагноз, — считал, что если уж женился, то фамилию я должна сменить.

Так вот. Я только-только вынырнула из кукол и игры в учительницу. Закончила первый курс педучилища и начала выходить во двор — не с дневником, а с сердцем.

Мне нравилось в Арсене всё. И кличка, и походка, и как он называл меня, и как смотрел. Мы встречались год. Было кино, были конфеты, были поцелуи — он, кстати, единственный из моих мужей, кто целовался так, что в коленках отключалось электричество. Тут либо дано, либо нет. Ему было дано.

Я была в него влюблена, он в меня, до потери пульса. Не могла есть. Не могла спать. Помню, как собирались всей семьёй на море. А я: не поеду без него. Родители офигели, но согласись взять его с нами. Я до сих пор помню, как стою на балконе, жду его — он с работы должен был прийти и поехать с нами. А его нет. И нет. А у нас уже чемоданы внизу, отец уже завел Жигули. Я

68

на иголках, родители орут, я в слёзы. И тут он влетает. Задержали на работе, автобус опоздал. Всё, жив.

Но самое яркое воспоминание — 8-е марта. Тогда только начали появляться кооперативные магазины. 1990-й год. И он мне покупает импортный джинсовый костюм: юбка, пиджачок с коротким рукавом и вышитыми цветными розочками. Это был, простите, крутяк в квадрате. И ещё палетку теней — не на двенадцать цветов, а на любой цвет глаз и половину подруг. Всё это стоило как две стипендии, если не больше. Я сияла. И тут... мама.

Смотрит на меня: накрашенную, счастливую, в этом новом костюме — и говорит:

— А за что это он тебе всё купил, а?

И вот эта фраза:

— Б...ь, наверное.

Вот так. Без прелюдий. Без фильтра. Просто в лоб.

А я... даже ещё не целовалась по-настоящему. Не говоря уже о «взрослом». Мы встречались год, но у нас была чёткая договорённость: пока мне не исполнится семнадцать — никакой близости. И он держал слово. Он меня не трогал: «потом, когда поженимся».

И вот я в слёзы. Сердце вырвали. Такие незаслуженные оскорбления. Влетает он, я в истерике. Спрашивает: что случилось? Я рассказываю. Он берёт меня за руку:

пошли. Я тебя забираю. Больше ты здесь не остаёшься.

Это был мужской поступок. Настоящий. Я не знаю, что ему сказала его мама. Но меня она приняла. Без упрёков, без «а чья это девочка тут приползла». Дала место. Дала крышу. И с того момента я никогда больше не жила со своими родителями. Всё, отрезало.

Когда мне исполнилось семнадцать — 4 июля — мы подали заявление в ЗАГС. Тогда, напомню, нужно было месяц ждать. Ровно через месяц — 10 августа — была свадьба. Помню, как нужно было получить талон в магазин, чтобы купить обручальные кольца. Не выбрать — а выпросить. Их потом при мне кипятили — как в больнице, чтобы снять бирку и вручить. Такое чувство, что не на свадьбу, а в психушку оформлялись.

Платье купили в Харькове, на рынке. Первый раз ехала на поезде — большой город, суета, жара. Шикарное платье, пышное, как у принцессы из мыльной оперы. И ещё до свадьбы — я узнаю, что беременна. Он был на десятом небе. А я... я, скорее, в коме. Мне было семнадцать. Я не осознавала. Я просто... была.

Но одно я знала точно: в академический отпуск не пойду. И он сказал:

— Тогда я возьму отпуск по уходу за ребёнком.

И взял. Пошёл на работу, договорился. Чтобы я не теряла год. Чтобы я училась. Чтобы у нас было будущее. Не знаю, кто тогда был умнее: я, он или судьба. Но я была в безопасности. В любви. В своём первом браке. Настоящем. По-настоящему.

Как я стала матерью, но сама ещё была девочкой

Я учусь. Он дома — с нашим сыном. Его мама готовит, убирает, заботится. Вроде всё прекрасно. Вроде всё правильно. Только я в этом всём — не жена, не мать, а... ребёнок. Ребёнок с ребёнком.

На тот момент я ещё не понимала, как это круто — когда о тебе заботятся. Когда тебе создают гнездо, держат тебя в нём, гладят по голове. А я, дура молодая, вечно с флагом: «Я сама!»

Да куда ты, сама-то? Сама рожать? Сама поднимать? Сама решать?

Помню, как приехала из роддома. Сорок кило весом. Плюс-минус. Из этого худого тела я вытолкнула почти трёх с половиной килограммовую субстанцию с глазами, носом и правами. Всё было больно. Всё. И я порвалась на... немецкий крест. Кто в теме — тот поймёт. Кто не в теме — не надо, берегите психику.

И вот я стою на коленях на кровати, сдутая как шарик после праздника, с этой дырой между ног, которая болит как вся Украина после 90-х, и пытаюсь всунуть грудь ребёнку. Он кричит. Я не понимаю. Я тоже, если честно, хочу орать.

И тут свекровь тихо так, сзади, с добром:

— Может, тебе помочь?

А я, героиня, вся на патриотизме и гормонах:

— Не надо! Я сама! Я ж мать!

А надо было сказать:

— Да, помогите. Мне бы вообще сейчас самой соску — и поспать. Потому что я не мать. Я ребёнок, которому дали второго ребёнка.

Но я же из семьи, где помощь — это слабость. Где «сама справлюсь» — это статус, медаль и диагноз. Где, если ты просишь — значит, ты недоразвитая.

С этого, наверно, всё и началось. Отдаляться я стала. А свекровь — она не дура была. Чувствовала. Что я не принимаю. Что я отстраняюсь.

А мне же ещё и мама моя подливала масла в огонь:

— Как это ты чужую тётку мамой называешь? У тебя ж своя есть.

Вот и выпендриваться я начала. Назло. Типа независимая. Типа взрослая. Типа знаю, что делаю.

Хотя ничего я не знала. Ни про себя. Ни про семью. Ни про любовь. Ни про материнство.

А потом свёкры вообще сделали невозможное. Забрали свою маму к себе, а нам отдали квартиру на Стекольном. Подарок на всю жизнь. Свой угол. Своё гнездо. А я даже тогда не оценила. Не поняла, насколько это щедро. Насколько это великодушно. Насколько это — по-настоящему родительски.

Если бы я тогда знала то, что знаю сейчас, — да всё разрулилось бы по-другому. И с ней. И с ним. И со мной.

Но тогда я была не готова. Ни принимать. Ни благодарить. Ни быть взрослой. Я была просто девочкой, которую внезапно назначили женой и матерью. А инструкция потерялась где-то по пути.

Когда семья — это уже не мы, а только я и ребёнок

Благополучно закончила училище. Не прерывая курс, не уходя в академ, не бросая ничего на полпути. Мне казалось — ну вот, всё, справилась. Система пройдена. Засчитано. Сыну три года. Я молодая, образованная, с дипломом и с мальчиком, который уже говорит «мама» и «дай». Живём в своей квартире на Стекольном. А что ещё надо?

А надо, оказывается, было покой в стране и в душе. А у нас — ни того, ни другого. Страна — бардак. Девяностые. Всё рушится. Всё меняется. Все на нервах. Бедность — норма. И вот на этом фоне мы ругаемся. Постоянно. Иногда — до хрипоты, иногда — молча, с глазами, полными злости. Сейчас уже и не скажу, из-за чего. Тогда казалось — из-за всего. Сейчас — понимаю: просто не выдержали. Просто не знали как. Просто были слишком молоды.

И вот в один день у мужа кончилось терпение. Он собирает вещи. Уходит к маме. А я остаюсь. С ребёнком. В квартире. И с пустотой.

Помню, как он приходил. Сидел на кухне. Не на стуле. На полу. Подперев голову руками и взяв маленького сына в охапку. И плакал.

А я стою. Смотрю. И не понимаю. Как это мужчина — и плачет? Для меня тогда это был шок. Меня не учили, что мужчины могут быть уязвимыми. Что они тоже ломаются. Что им тоже бывает больно. Я же думала: «Ты же мужик. Возьми себя в руки. Хватит ныть».

Сейчас стыдно за эти мысли. Но тогда — это была моя реальность.

Он сидел, плакал, а я не знала, как к этому подступиться. Не утешала. Не обнимала. Потому что сама была — ледышка. Обиженная, уставшая, злая. Не от ненависти — от непонимания. Почему так? Почему мы — уже не мы?

Если бы тогда, в двадцать один, я знала хоть десятую часть того, что знаю сейчас...

Если бы кто-то объяснил, что в каждом из нас живут тени, роли, обиды, и что ты не обязана быть сильной, не обязана быть правой, не обязана бороться за место под солнцем...

Если бы мне сказали, что осуждение — это часто просто боль, а «я сама» — это не сила, а страх просить...

Я бы не вела себя как дура. Как упрямая эгоистка, уверенная, что всё знает.

Я бы приняла помощь. Я бы не отталкивала тех, кто искренне хотел быть рядом. Я бы не обижалась, когда меня просто не понимали. Я бы не требовала невозможного от людей, у которых и так ничего не было, кроме усталости.

Но тогда я этого не знала. И никто не знал. Мы просто жили. На ощупь.

А теперь, оглядываясь назад, я понимаю: я не виновата, что была такой. Но я ответственна за то, кем стала.

И вот сейчас, когда я уже могу смотреть на всё со стороны, понимаю: когда отец и бабушка с дедушкой отказались от Вадима, они не просто ушли из жизни ребёнка — они отрезали ему родовые корни. Не без моей помощи, конечно. Тогда я этого не осознавала. Тогда мне казалось, что всё происходит «по ситуации». Но ведь именно так и ломаются судьбы — когда никто не понимает, что делает.

Исправить судьбу: шанс, который даётся не случайно

Я вот думаю — не зря Бог дал тебе ещё двух сыновей. А потом — и внука. Это не просто «жизнь продолжается». Это тебе дали несколько шансов. Не заново начать — а исправить. Прожить то, что когда-то не смог. Прожить не по сценарию боли, а с любовью.

И как это не символично: второго сына ты назвал всеми буквами своего первенца. В-А-Д-И-М. Как будто в надежде, что так ты выровняешь перекос. Заменишь то, что потерял. Но вот в чём штука: детей нельзя «переписать». Один не может залечить рану, оставленную другим. Это не пластырь. Это судьба. Это родовая энергия. И если один из этой линии — не принят, отрезан, вытеснен — то эта боль не уходит, она передаётся дальше. Тонкой, но сильной ниткой — через поколения.

Ты, может быть, и не хотел. Но ты не простил меня — и разорвал связь не со мной. А с ним. Со своим сыном. Прервал родовую нить, в которой он должен был идти — твоим потомком, твоим продолжением. А вышло, что ты оставил его — в одиночку. И ту энергию непринятия, обиды, боли — ты невольно перенёс на всех остальных. Как будто душа всё ещё ждёт: «А когда же пройдёт? Когда я отпущу?» А оно не проходит. Потому что не отболело. Потому что ты туда не пошёл.

Может быть, что-то в тебе надломилось тогда, на кухне, когда ты сидел с сыном на руках. Когда он ещё был маленький, тёплый, абсолютно твой. Ты его держал, а внутри — что-то треснуло. И ты замер. Не сразу. Постепенно. День за днём. А потом — ушёл. Не ногами — энергией. Связью. Сердцем.

Но я верю — это можно исправить. Пока мы живы — всегда можно. Даже если кажется, что уже поздно. Потому что душа ребёнка — даже если ему тридцать четыре — всё ещё ждёт. Не оправданий. Не объяснений. Просто — принятия. Простого, человеческого: «Ты — мой. Я тебя люблю. Я был растерян, слаб, но это не ты виноват».

Иногда, чтобы залатать судьбу, достаточно одного действия — простить. Простить и себя, и другого. Чтобы прервать круг. И не передавать его внукам, нести дальше по ветке, как отравленную каплю в чистой воде. Потому что пока боль не отдана назад — она будет идти вперёд.

А ты — сильный. Ты можешь. И я — верю.

Вадиму сейчас тридцать четыре. И обида на отца в нём сидит до сих пор. Хотя, если честно, Арсен был единственным, кто не бил, не кричал, не навязывал. Он не лепил из сына свою нереализованную версию. Он просто был.

И вот ведь ирония — в итоге оказался самым святым мужчиной в жизни моего сына. Потому что не успел ему ничего испортить. Вовремя вышел из сюжета.

А мы тут, старательные, с травмами, с книжками по воспитанию — наломали дров. Так что, может, иногда лучшее, что ты можешь сделать — это просто вовремя исчезнуть.

Но мы же об этом не знали. Нас не учили. Не рассказывали. Не объясняли, как одно решение может потом отзываться через десятилетия.

И если эти слова читают те, кто моложе, не повторяйте. Учитесь. Думайте. Слушайте себя. А если вы такие же, как я, — те, кто многое уже прошёл, — просто обнимите себя. И скажите:

я делала, как умела. Но теперь — умею лучше.

Глава 13. Сёстры, судьбы и сценарии

Хочу пройтись по своему району — именно по женщинам. А если точнее — по сёстрам. Потому что чем глубже я изучаю родовые системы, тем чётче понимаю: иерархия сестёр — это не просто семейный статус. Это сценарий.

Почему кто-то выходит замуж и живёт спокойно? А кто-то всё время ревнует, проверяет, спорит, меряется — с мужем, с подругами, с соседками? Ответ может быть не в характере, не в гороскопе, а в порядке рождения.

Вот, например, мои наблюдения. У отца было две сестры. Старшая — всю жизнь в каком-то женском соревновании. Яркая, бойкая, голосистая. Второго мужа увела из семьи, потому что «надо брать своё». Всегда пыталась быть красивее, успешнее, желаннее других. Младшая же — полная противоположность. Один муж — и до конца. До его смерти. Без истерик. Без попыток кого-то переиграть. Она просто жила — без лишнего шума.

Но обе — и та, и другая — не дожили до 60. Ни одна. Кто — от инсульта. Кто — от рака. Как будто вся эта внутренняя гонка, даже если она была тихой, сожгла изнутри. Как будто борьба за то, чтобы «меня выбрали», лишала тела энергии на жизнь.

Моя мама — старшая из трёх сестёр. Вся жизнь — тревога. Вся жизнь — контроль. Постоянное напряжение, будто в комнате появится ещё одна женщина, — и её надо будет побороть. Ревность к другим. Недоверие к мужу. Желание доказать, что она — лучше. А на деле — вечная усталость. И как итог — тоже болезнь. Тоже износ.

Младшая сестра мамы жила с абьюзером. Годами. Терпела, гасла. А потом, когда стало нестерпимо, сделала выбор — ушла. Нашла другого мужа. Не потому что хотела замены, а потому что хотела вернуть себя.

Средняя — ровная, тихая. Но и она в какой-то момент, когда стало невыносимо, сделала выбор — ушла. Без скандалов, без драмы. Просто встала и пошла.

Но вот что страшно и странно одновременно — все три не дожили до шестидесяти. Ни одна. Что это — случайность? Или система, которую никто не переписал? Сценарий, который закончился слишком рано?

Невестка — у неё три дочки. Две от первого брака и одна от моего брата. Все три — сёстры. И я уже вижу, как старшая тянет на себя, как будто всё время должна быть первой, главной, самой красивой, самой правильной — как будто весь женский мир — это подиум, и её задача всех убедить, что она — победительница. Младшая, наоборот, капризничает и играет в принцессу: ей все должны — и мама, и папа, и мир. А средняя... она, как и положено, старается быть и туда, и сюда. Быть опорой младшей, не потеряться рядом со старшей. Она будто живёт меж двух миров. И я уже вижу, как ей нелегко, — но и то, что она сильнее, чем думает.

Вторая жена моего бывшего мужа Богдана тоже одна из двух сестёр. У неё самой — две дочки. А у её сестры — ни одной. Всё зеркалится, всё повторяется.

А мне остаётся только наблюдать. С бокалом вина. И с блокнотом: «Так, эта пошла по линии мамы. Эта — в принцессу. А вот эта, средняя, — держись, родная, ты тут у нас за баланс отвечаешь».

У старшей дочки невестки — тоже две девочки. Так что сценарий уже в репетиции. А если сейчас вы запутались в этих дочках, сёстрах, браках и разводах — не переживайте. Это не таблица Excel. Это жизнь. И она говорит с нами через повторения. Через зеркала. Через сцены, в которых мы даже не замечаем, что просто играем мамины роли, бабушкины страхи, тётины обиды. Всё по наследству. Не в генах — в сценарии.

Хотя, если вы дочитали до этого места и всё ещё понимаете, кто кому кем приходится — вам пора выдавать диплом по семейной системной терапии.

Всё повторяется, будто по заказу. Как будто сценарий передаётся дальше, как семейный рецепт: «Вот так мы жили. Вот так и ты теперь живи». Только никто не говорит: «можно иначе».

Психологи называют это «порядковая позиция». Но если копнуть глубже — это ещё и родовая энергия. Потому что, по одной из версий, душа выбирает, кем родиться: старшей, младшей, единственной — чтобы пройти определённый урок. И если ты старшая — может, тебе дали силу сказать «стоп». А если ты младшая — научиться не искать спасателя. А если ты средняя — научиться быть собой, даже если между двумя крайностями.

Старшие сёстры во взрослой жизни часто берут на себя роль «мамы» — даже в отношениях. Поэтому замужем они не за мужем, а за младшим братом, которого надо воспитывать. Отсюда и напряжение, и усталость, и ощущение, что «всё на мне». Младшие — наоборот: ищут себе родителя, защитника. Всё детство о них заботились — теперь ищут мужа, который будет делать то же самое. Особенно если он сам ищет себе маму — и вы уже сидите вдвоём на сеансе у психолога, где каждый друг друга обвиняет в несделанном бутерброде.

Больше всего повезло средним. Они были младшими для старших и старшими для младших. У них больше гибкости, меньше крайностей. Если ты средняя — поздравляю, ты в зоне баланса.

Вот я, например, у меня нет сестры. Только брат. Но теперь, когда я вижу, как девочки взрослые продолжают соревноваться друг с другом «за место под солнцем», я понимаю, откуда это. Это не про красоту. Это про выживание. Про то, чтобы быть замеченной. Про то, чтобы быть нужной.

Когда ты знаешь эти вещи, начинаешь по-другому смотреть на тётю, на маму, на себя. И если вдруг ты — старшая, и тебе всегда хочется всё контролировать — может, это просто привычка? Может, ты не обязана быть сильной 24/7? А если ты младшая — может, уже пора перестать искать папу в каждом мужчине?

Женские сценарии — это не приговор. Это просто программа. А любую программу можно переписать. Если понять, откуда она запустилась.

А ещё... может, это не просто психология? Может, это карма. Может, ты не просто родилась третьей. А ты уже когда-то была старшей. И теперь пришла прожить по-другому.

Я всё больше верю, что душа помнит. Даже если ты — не помнишь. И то, что ты проживаешь — не ошибка, а точка входа. Чтобы не повторять. Чтобы не дожидаться диагноза, как у тёти. Чтобы выйти из роли и выбрать жизнь.

Глава 14. Остановите Землю, я сойду. Только тихо. Без драмы

Когда всё как у всех — хочется бежать

Иногда ловлю себя на том, что вся моя жизнь напоминает плохо срежиссированный спектакль. Я выхожу на сцену, говорю чужой текст, делаю реверанс — и ухожу за кулисы. Там кто-то даёт мне новую роль. Новый костюм. Новую реплику. А я киваю. Соглашаюсь. И иду. Потому что «так надо».

Когда именно я согласилась? Где та точка, где я подписала контракт на «хорошую девочку», «удобную жену», «ответственного взрослого», «адекватную женщину, которой не положено мечтать»?

Я не помню. Но в какой-то момент внутри меня кто-то тихо сказал: Остановите Землю. Я сойду.

Мой день рождения — 4 июля. Совпадение? Не думаю.

И вот тут начинается настоящее. Давно, ещё в Украине, когда у всех всё было одинаковым: квартира, работа, семья, дача, летом море — я уже тогда почувствовала этот зуд внутри. Мы все как будто строили одну и ту же коробку: жизнь-шаблон. Квадратная. Правильная. Предсказуемая до зевоты. И вдруг я подумала: «Так это ж всё. Это ж в этой квартире мне и сдохнуть? Стать той самой бабушкой на лавочке, с семечками и свитером под пальто?» В самой глубине что-то взбунтовалось.

Потом была грин-карта. Победа в лотерее. Мы поехали. Не потому что всё было ужасно. А потому что я вдруг поняла: мы не деревья. Мы можем двигаться. До тридцати трёх лет я почти не выезжала из Лисичанска. Только детские поездки на Чёрное море. Всё. Больше — ничего. Ни горизонтов, ни перспектив. Только «как у людей».

Переезд в Америку не стал финалом, наоборот — он стал началом. Но даже здесь — легко снова вляпаться в шаблон. Муж, дом, работа, ипотека. Я избавилась (да, именно так) от украинского мужа. Начала новую жизнь с Робертом. И всё шло по плану... пока внутри снова не поднялось: «А мы что, навсегда в этом доме? Серьёзно?»

Я сказала: давай что-то ещё. Что-то весёлое. Что-то неожиданное. На секунду я даже подумала — может, купить воздушный шар? Да, я гуглила. Думала, будем взлетать над всем этим, махать миру сверху. Но оказалось, такие штуки не продаются на углу в Walmart. Так что мы взяли маленькую студию у озера — вполне хватало на уикенд и бутылку вина. Потом купили катер — не яхту, но достаточно, чтобы кататься по кругу и чувствовать себя пиратами, сбежавшими из пригорода. Какое-то время это было свободой — ветер в волосы, вино в пластиковом стакане, и никто не спрашивает, что на ужин. Но даже запланированная свобода в какой-то момент становится просто очередным вторником. Продали. Купили дом в Аризоне. Не потому что мы богачи. А потому что можно. Потому что жить в одном и том же доме всю жизнь — это не про меня. Для кого-то — уют. А для меня — клетка.

Пока я жива — я хочу жить. И если для этого надо сойти с привычной земли — я сойду. И найду другую.

Ещё небольшая ремарка. С того самого дня, как я ступила на американскую землю — без знакомых, без языка, без навигатора — у меня было чувство: я дома. Абсурд, да? Только прилетела, а ощущение, что вернулась. Я смотрела на людей, на улицы, на небо, и всё внутри отзывалось: «Вот. Моё». Это как будто место знало меня раньше, чем я его. И тогда я поняла — это не просто переезд. Это, возможно, судьба. Или карма. Хотите — верьте, хотите — кидайтесь тапками. Но у меня день рождения 4 июля. День Независимости США. И для меня это стало не просто совпадением, а знаком. Это же не просто дата — это символ. День, когда страна заявила: «Я буду жить по-своему». И я, в своём маленьком масштабе, сделала то же самое. Ну, не бывает таких совпадений просто так. Особенно если учесть, что Америка — страна иммигрантов, и в каком-то смысле вся её история построена на людях, которые однажды сказали: «Я выйду и пойду». Я перелетела через океан, через тридцать три года шаблонной жизни «как у всех», чтобы найти Роберта — человека, который, как выяснилось, ждал меня здесь. Это слишком красиво, чтобы быть случайностью.

...А потом, в один день, меня накрыло.

Арифметика жизни: сколько у тебя осталось?

Простая арифметика. Грустная, но честная. Мне 50. Допустим, доживу до 80. Это 30 лет. Из них треть — я сплю. Уже 20. Ещё 2—3 часа в день — на поесть, пописать, почистить зубы, помыть пол и поорать в пространство. Минус ещё 4 года. Если ты ещё и работаешь на нелюбимой работе, которая выжимает душу, — можешь сразу вычесть ещё восемь лет.

И что остаётся? Максимум восемь лет жизни. Настоящей. Осознанной. Где ты не в роли, не в графике, не в долге. Где ты — ты.

И вот тогда хочется не просто сойти с Земли. Хочется свернуть с автострады под названием «нормально же всё» и исчезнуть на своей тропе. Даже если никто туда не ходит. Даже если нет карты. Даже если страшно.

Потому что всё это — один дом, одна точка на карте, одни и те же шторы двадцать пять лет, одни и те же деньги, за которые держатся как за воздух... это всё не про уют. Это про страх. Страх, что если ты отпустишь — то не удержишься. Что если не своё — то ничего.

Но когда я это поняла — я перестала цепляться вообще. Ни за людей. Ни за города. Ни за мебель. Ни за то, «что скажут». Я вышла. И пошла.

Комфорт как ловушка

А потом я поняла ещё кое-что. Даже комфорт может стать ловушкой. Если всё стабильно, уютно, предсказуемо — я начинаю грызть себя изнутри. Начинаю срываться на мужа. Недовольство, раздражение, пустота. Я связала это воедино и поняла: мне нужно движение. Мне нужно менять. Не просто маникюр и цвет волос. А масштабно — место, среду, работу. Потому что иначе я деградирую. Тихо, незаметно, но безвозвратно.

Мы получили это тело не для того, чтобы его консервировать. Это аренда. Это контракт. Это временно.

Тело — инструмент. Нам его дали не для хранения, а для развития. Я это знаю. Не из книжек. Из себя. Я чувствую, как оживаю, когда что-то меняю. Когда двигаюсь. Когда ломаю шаблон. И любой, кто меня знает, скажет — я не вру.

Не хочу, чтобы кто-то прочитал это и подумал: «Тебе-то легко говорить. У тебя вот так всё сложилось. А у меня — не так».

Я прекрасно понимаю. У каждого своя жизнь. Свои границы. Свои страхи. Свои обстоятельства. Но я и не призываю. Я не говорю: уходите от мужей. Меняйте страны. Жгите мосты. Я просто рассказываю, как это было у меня. Что я чувствовала. Что поняла. И если у тебя в голове есть мозг, а не только пункт «как надо», может, это и правда хорошая идея: остановиться, спросить себя — и выбрать заново.

А если не откликается — значит, просто не время. Или не твой маршрут. И это тоже нормально.

Я остановила свою Землю. Вышла. И пошла

Аризона, гриль и я

Это был 2016-й год. Мы тогда работали вместе на дилерской: я продавала машины, Роберт был менеджером. Зарабатывали прилично, жаловаться было грешно. Но вот однажды — всё. Тесно. Душно. Как будто кислород закончился.

Я сказала: «Я ухожу». В этот момент, наверное, у Роберта в голове было целое ток-шоу: «Это шутка? Или сейчас опять очередной виток „меняем всё“? Или... боже, неужели снова придётся всё начинать сначала?!» Он молчал. А я уже собиралась — не потому что обиделась, а потому что знала: если не уйду сейчас, то задохнусь. И он, хоть и молча, понял это.

У Роберта глаза округлились: как это? Между нами вообще большая разница в принятии решений. Я — быстро. Он — медленно. Он думает, сравнивает, анализирует. Я — чувствую, собираю все «за» и «против» и действую. Иногда на эмоциях, но чаще — интуитивно. У меня не бывает «подумать пару лет» — я знаю или не знаю сразу.

Так вот. Я ему сказала: «Мне надоело работать на кого-то. Мне надоели зимы. Мне плохо — эмоционально

85

и физически. Если сейчас ничего не поменяю, мы просто разведёмся. Потому что мне тесно. Мне надо куда-то выйти». Он промолчал. Ни за, ни против. Уже потом он сказал: «Я понял, что если не поддержу тебя — мы точно разойдёмся. А я этого не хотел».

Я уволилась. Села за комп, открыла карты, статистику, форумы. Где климат получше, аренда не кусается, еда не по цене бриллиантов. Выбрала Аризону. Город Тусон. Гружу себя в машину, собаку — под мышку, и поехала одна. Три дня дороги. Без плана Б. Без задней мысли. Просто с внутренним знанием: мне надо туда. Квартира уже была, договор на аренду на полгода — тоже.

Про бытовые детали опущу. Через пару месяцев Роберт сказал: «Поройся, посмотри, изучи рынок. Посмотри, может, откроем бизнес. Раз ты не хочешь работать на дядю — давай на себя». Ну всё, села я, покопалась, покопалась — и наткнулась: чистка грилей барбекю. Франшиза. Созвонилась с владельцем, условия устроили. Без роялти, выкуп — и поехали.

Взяла кредиты. Много. Очень. Все карточки — в ноль. Закупили всё оборудование. И я пошла чистить гриль. Первый год — я и Влада. Вдвоём. Грязь, жар, копоть, но база клиентов нарабатывалась. А через год — Роберт уволился и пришёл ко мне. Теперь мы вместе. Бизнес наш. Кредиты за пять лет закрыли. Всё своё. Всё с нуля.

Так я, собственно, и вернулась на свою планету. Только теперь — с химией для грилей, кучей смешных историй и парой мозолей, за которые не стыдно. Представляю, что в тот момент творилось у Роберта в голове: «Что она опять придумала? Чистить гриль? Сама?!» Но он знал — если не подержит, меня не удержит. А я знала: если не попробую, потом не прощу себе.

Первое время в первый год было весело. В прямом смысле. Иногда казалось, что гриль грязнее, чем наши шутки с Владой во время работы. Но мы чистили. Вдвоём с Владой. Много. Молча. Потом смеялись. Потом снова чистили.

Когда Роберт был готов, он сказал: «Я увольняюсь. Хочу с тобой». И это было не просто красиво. Это было правильно. Он пришёл — не с пиджаком и указаниями, а с тряпкой, фонариком и верой. Мы сделали это. Своё. Чистое. Настоящее.

Теперь нас знают по запаху химии и звуку пылесоса. Мы не гонимся за миллионами, но знаем, что всё, что есть, — сделали сами. Не для галочки, не для отчёта. А чтобы жить. На своей планете. В своём ритме. Без чужих сценариев. И с чистым грилем. Что, согласитесь, тоже символ.

Глава 15. Бабушка выкладывает. Кто-то сохраняет. Девочка становится «контентом»

Вы думали: семейная гордость. А оказалось — бесплатный материал для чужих альбомов. Не все, кто ставит лайк, ставит его от умиления.

Когда моей дочери было двенадцать, я случайно увидела, как она с подругой Катей фотографируются и выкладывают снимки в интернет. На первый взгляд — ничего вызывающего. Нормальная одежда, никакой откровенности. Но я напряглась. Эти губы в «поцелуйчике», эти взрослые позы — не для их возраста. И я сразу сказала: «Убери. Сейчас же. И больше не делай так». Без крика, но жёстко. Потому что я увидела не милую игру, а входной билет в реальность, куда не хочу отпускать свою дочь без шлема.

Влада — красотка. Умная, яркая, харизматичная. Конечно, как любая мать, я хотела бы видеть её на экране, в кадре, чтобы весь мир увидел, какая она особенная. Но я слишком хорошо знаю, как устроен этот «мир». Я видела закулисье конкурсов красоты, кастингов и «звёздных» детских проектов. Где одну девочку ставят на пьедестал, а сотня других — остаются в тени с чувством, что «недотянула». Где с детства закладывается зависимость от внешнего одобрения. Где ценность — это лайки, а не личность.

И ещё одно: я не хочу возвращаться в прошлые века, где женщину оценивали, как скотину на ярмарке. Где её выбирали по форме бёдер, ширине таза, упругости груди. Где главное — быть послушной, красивой и молчаливой. В Древней Греции девочек выдавали замуж в 12—14 лет, не спрашивая согласия. В Древнем Риме браки заключались ради денег и потомства. На Руси согласие невесты значило меньше, чем размер приданого. Женщина была ресурсом — для чьей-то выгоды.

Так вот: я не хочу, чтобы моя дочь снова оказалась в таком мире — только под видом «звёздности» и хайпа в TikTok. А ведь по сути — это то же самое. Когда из девочки делают картинку. Когда её «подают на публику». Когда фото, на котором она просто стоит в купальнике с фильтром, может быть сохранено неизвестно кем и использовано неизвестно для чего. Это не страшилка. Это реальность. Фото в интернете — не ваше. Оно уже где-то у кого-то. И вы никогда не узнаете, как его использовали.

И вот здесь я обращаюсь не только к мамам, а особенно — к бабушкам. К моим подружкам, которые теперь выкладывают фото своих внучек с подписями: «наша куколка», «будущая модель», «королева в три года». Девочки, очнитесь. Мы же сами были в этой мясорубке. Нас оценивали по внешности, нас учили «нравиться», а не думать. И теперь вы это запускаете по новой? Только теперь с кольцами на айфоне?

Неужели вы правда не видите, что это та же витрина? Только теперь на ней — ваша внучка. Ради чего? Ради пятнадцати лайков от таких же бабушек? Или чтобы случайный незнакомец сохранил это фото и смотрел на него «с интересом»?

Да, я, может, и не модная. Я не бегаю за трендами. Но у меня есть голова. И она не только для еды. Я хочу, чтобы моя дочь выросла с ощущением, что её ценность — не в кадре, а в ней самой. Я хочу, чтобы она умела быть собой, а не копией «того, что хорошо смотрится».

Поэтому я и взрываюсь. Потому что люблю. Потому что страшно.

Потому что мир изменился, а наши привычки — нет. Но если мы, взрослые, не пересмотрим, что выкладываем, зачем и кому — потом будет поздно.

И не надо говорить: «Ну, ты утрируешь». Лучше утрировать сейчас, чем объяснять потом, почему девочка вдруг перестала быть собой, а стала образом — удобным, красивым, но пустым внутри.

Глава 16. Всё шло по плану, просто не по нашему

Мы не выбираем, куда родиться. Но если молчим — боль продолжается. И кто-то всё равно становится следующим.

Я не священник. И уж точно не гуру по душам, карме и прочей небесной бухгалтерии. Но однажды увидела фильм — не вспомню ни названия, ни актёров — только одну сцену: души сидят в каком-то белом небесном зале, как в МФЦ, и ждут своей очереди родиться. В руках у них — как будто папка с делом: какая семья, какие условия, какой род. Кто-то нервничает, кто-то обсуждает, кто-то тихо пьёт эфирный чай и рассматривает варианты: мама с эмоциональными качелями, папа работает сутками, зато у бабушки пироги — беру!

С тех пор я всерьёз задумываюсь: а если это правда? Если душа и правда выбирает? Не логикой, а чувствами. Не для комфорта, а чтобы пройти. Не чтобы «всё было хорошо», а чтобы «был смысл».

Я тогда не знала, что через пару лет услышу историю, в которую идеально вписывается эта теория — только без белых облаков и фильтров. Реальность, где душа, похоже, выбрала трудный путь. Как будто намеренно.

Мой муж Роберт — младший в семье. Его брат старше на десять лет. Когда всё это начиналось, Роберт был ещё подростком, но уже понимал, что происходит вокруг и обсуждает его семья. А брат — взрослый, женатый, без детей. Почему — никто не знает. И в этом, кстати, огромная мудрость. Не всё надо объяснять. Иногда молчание — это не секрет, а граница. Они просто решили: никто не должен знать, почему у нас нет своих. Вот так — по-взрослому.

91

А потом появилась она. Молодая, беременная, без особого энтузиазма по поводу материнства. Не то чтобы ситуация безвыходная, просто у неё чёткое решение: рожать — да, но воспитывать — нет. То есть ребёнка она не хотела. Не может. Не собирается. И в этой точке соединяются две линии: одна семья не может родить, другая — не хочет воспитывать. И ребёнок как будто выбирает — туда.

Она переезжает к ним, живёт почти всю беременность. Казалось бы — идеальный сценарий. Но мы забываем одну вещь: ребёнок после второго-третьего месяца внутриутробно уже слышит, чувствует, улавливает всё. Он не знает слов, но улавливает эмоции, атмосферу. И уже тогда, ещё в животе, он понял — его не ждут. Его не хотят. Его передадут. Пусть в хорошие руки — но не из любви, а из отказа. И это, поверь, остаётся внутри.

Он родился в доме, где его встречали. Всё подготовлено: кроватка, пелёнки, комбинезоны. Всё красиво, чисто, по плану. Его приняли. Сразу. Законно, правильно. Но не по крови. А род — он всё равно идёт с тобой. Даже если ты о нём не знаешь, он в тебе есть.

Иногда я думаю про нежеланных детей. Про тех, кто с самого начала чувствует: меня не ждали. Кто ещё в утробе старается «не мешать». Кто рождается маленьким, щуплым, почти прозрачным — будто шепчет всему миру: «пожалуйста, оставьте меня, я много места не займу». Как будто извиняется за то, что просто существует. Такие дети — это не слабость. Это боль, свернувшаяся в углу. Это «разрешите мне остаться» вместо крика «я пришёл». И если их не обнять — они вырастут, продолжая бояться занять слишком много места в жизни других.

Вырос он в лучших условиях. Няни вместо мамы, правила вместо разговоров, внимание — по расписанию.

Родители работали, строили будущее, зарабатывали, вкладывали — всё по любви, но в основном через банковские переводы. Возможно, для него выбирали школы, окружение, нужных друзей — старались как могли. Но всё это было снаружи. А внутри он рос с ощущением, что его как будто растят по инструкции: пункт первый — безопасность, пункт второй — развитие, пункт третий — контроль. И всё время внутри звучало: я не тот, я чужой, меня заменили.

В подростковом возрасте начались срывы. Алкоголь, наркотики, рецидивы, лечение. Пятнадцать лет на грани. И он вылез. Держится. Не пьёт. Но остался другим. Жёстким. Вспыльчивым. Настороженным. Слишком много видел. Слишком рано понял, что может не справиться. Потому что его не научили справляться — учили слушаться, соответствовать, выполнять. А когда тарелочка закончилась и от него вдруг стали ждать какой-то взрослости, ответственности, осознанности — он растерялся. Не потому что не хочет, а потому что не знает как. У него нет внутреннего механизма: «что делать, когда плохо». Есть внешняя маска: держаться, не сломаться, справляться всем на зло и вопреки всему. А внутри — паника. Страх. И полный ступор.

И ведь мы не знаем, что происходило в его биологическом роду. Какие там были истории, травмы, слёзы, обиды, отчуждения. Но одно точно — кровь не вода. Её не разбавишь, не перепишешь, не отменишь. Даже если ты растёшь в другой семье, тебя кормят, любят, заботятся — внутри всё равно течёт то, что течёт. И когда начинаются срывы — алкоголь, наркотики, побеги от себя — это не просто поведение. Это, может быть, зов. Родовой, подсознательный. Как будто что-то старое, чужое, но унаследованное говорит: «Я здесь. Я не ушло». И если этого не понять — можно всю жизнь пытаться справиться с болью, которая даже не твоя, но по венам — твоя.

Отец мечтал, что однажды передаст ему бизнес. Но потом решил: недостоин. И это была не просто оценка — это было отлучение. Не по крови — по доверию. Как будто вся жизнь — это экзамен, и он его провалил. Между ними осталась тишина. Молчание длиной в годы. И сын чувствовал это молчание. Не словами — кожей. Он остался с этим грузом, с этой виной, с этой попыткой доказать, что он всё-таки достоин — хоть чего-нибудь. А жизнь шла дальше.

В 2018-м году отец умер. Рак крови. Не внезапно, но всё равно — слишком быстро. Болезнь забирает медленно, но ты всё равно не успеваешь. И я часто думаю: а почему именно рак крови? Если не по медицинским основаниям, а по-другому — через символы, через ощущения. Ведь кровь — это род. Это передача, связь, жизнь по линии поколений. А если в этой крови начинается сбой — может, что-то сломалось в самом ощущении принадлежности? Внутри. Без слов.

Возможно, он носил в себе обиду. Мы не знаем этого наверняка. Но чувствовалось — мечта о сыне-продолжателе не сбылась. И, может быть, он не справился с этим разочарованием. Не потому что злой — потому что верил. Надеялся. Строил внутри себя картинку. А потом — не совпало. И проглотил. Не вслух, не в лицо, не в ссоре — просто в себя.

Возможно, душа завершает какую-то кармическую программу рода. Закрывает цикл. Иногда — через болезнь, если по-другому род не услышал. Мы не знаем наверняка. Это только предположение. Но оно не отпускает.

Потом — отношения. Первая девушка. Предложение. Кольцо. Потом — отказ. Просто вернула и сказала «извини». Следующая — молодая, ей двадцать два. У неё уже ребёнок. У неё свои травмы: она выросла без отца, родила сына не в браке, многое тащила на себе.

И вот теперь — она. С ребёнком. И он. Со своей историей.

Так вот. Эти две травмы встречаются друг с другом. Не как «он и она», а как две системы, уставшие от повторений. Сначала кажется: может, получится. Свадьба. Рождение дочери. Семья. Надежда на нормальное, спокойное, настоящее. Он старается держаться — знает: если снова сорвётся, всё. Ей хочется свободы, лёгкости, дышать полной грудью. Он тоже хочет дышать, но у него дыхание — в сжатом кулаке. И в какой-то момент — снова срыв. Не справились. Не вынесли. Каждый ушёл в свою рану.

Да, знаю, я уже задолбала семейными травмами, родовыми шаблонами, сценариями по кругу... но чёрт возьми, ведь оно реально так и работает. У каждого повторяется свой личный сериал по наследству. Развод. Одиночество. Дети без отцов. Она — повторила свою же линию: выросла без отца, родила сына вне семьи, теперь её дочь — тоже без отца. Всё то же. Как под копирку. Только теперь — их собственная дочь в этом сценарии. Уже не гипотетически. Уже сейчас.

А параллельно — его первая дочь. От предыдущих отношений. Девочку признали, когда ей было около десяти. То есть до этого — нет. Не называли. Не включали. Повторение. Снова: отложенное принятие. Ребёнок вне круга. Всё снова по кругу.

И вот тут уже не просто хочется крикнуть — а встать посреди комнаты и орать, чтобы хоть кто-то наконец проснулся. Да сядьте же вы, чёрт возьми, и поговорите. Ртом. Не сквозь обиду. Не через молчание. Не по инструкции. А по-настоящему. Глаза в глаза. Без обвинений, без позиций «я прав». Начав с простого вопроса: «Что с нами происходит?»

Потому что если вы этого не сделаете — то ваша дочь повторит всё. Один в один. Не в теории. Не когда-нибудь потом. А уже сейчас. Она впитает всё это — на вдохе. Потому что дети учатся не со слов, а впитывая атмосферу. Потому что боль — она липкая. Она переходит. Если её не осознать — она найдёт себе нового носителя. Маленького. Бессознательного. Родного.

А это уже не просто боль. Это — наследство, которое никто не просил, но все получили. И если его не остановить — оно будет жить вечно.

Всё шло по плану. Просто не по нашему. И мы даже не спросили — чей это был план? А ведь если кто-то один рискнёт заговорить, план можно переписать.

Глава 17. Мама в вазе. Паники ноль

На случай одиночества:
я всё ещё твоя мама.

«Одиночество — не наказание,
а восстановление системы.
Смерть — тоже.
Просто уровень глубже».

Я люблю кладбища. Не в смысле «мрачно и романтично», а по-настоящему. Там спокойно. Там нет притворства. Там не важно, сколько у тебя подписчиков — там важно, кем ты был. Когда мы жили на Стекольном, я часто гуляла по кладбищу с подругой. Просто ходили по тропинкам, читали надписи и смотрели на памятники. Люди ходят по магазинам — мы шли на кладбище. Не потому что нам нечего было делать, а потому что это был самый честный маршрут в городе.

Особенно в Украине, где всё как на ладони. Если у тебя ничего нет — тебе поставят деревянный крест, если повезёт. Если есть деньги — вырежут лицо в граните, добавят машину, даже стишок. И вроде бы это про смерть, но на самом деле — про жизнь. Там видно, кем ты был. Или хотя бы — сколько у тебя было.

Наш город был маленьким, а кладбище — большим, как жизнь. Идёшь — и постоянно натыкаешься на знакомые имена. Те, с кем говорила, спорила, смеялась. И вот тогда во мне зашевелились настоящие вопросы. А что дальше? Куда мы деваемся, когда нас уже нет? Что остаётся, кроме камня и двух дат?

В советские времена тема смерти — табу. Бабушки молча складывали в шифоньер платье «на смерть», прятали деньги «на похороны», но вслух никто ничего не говорил. Смерть считалась чем-то вроде дырки в трусах — есть, но стыдно. А потом человек умирал — и всё. Родственники бегают, суетятся: «А как он хотел?» Никто не знает. Никто не спрашивал. Все делали вид, что не умрут.

Я как-то попыталась заговорить об этом с отцом. Не в лоб, осторожно. Спросила, думал ли он, что и как. А он мне: «Меня это вообще не волнует. Меня же уже не будет». И вот это «не волнует» меня тогда прибило. Потому что на деле это значит: «разгребайте без меня». Платите, решайте, закапывайте. Мол, «я умер — и молодец». Даже в смерти — безответственность.

А я так не хочу. Я хочу всё решить сама. И давно решила: когда меня не станет, меня нужно кремировать. Никаких гробов и крестов. Красиво, просто, с огнём — пусть тело уйдёт в свет, а не в гниль. Я как-то сказала об этом Владе. А она: «А где тебя развеять?» А я ей: «Да никуда меня не развеивай. Поставишь вазочку со мной где-нибудь. И когда тебе будет не с кем бухать — бухай со мной». Это не шутка. Это мой способ остаться. Не в земле — в жизни. В разговоре. В кухне. В пятничном бокале.

Потом я стала задумываться — а почему вообще раньше не кремировали? Почему именно хоронить? Оказалось, кремация — совсем не новая идея. Люди сжигали тела умерших ещё в древности. У греков, у римлян — это был уважаемый ритуал. Прах собирали, хранили рядом. Огонь символизировал переход, очищение, а не исчезновение. Но потом пришли религии. Христианство заявило: тело должно быть целым, потому что однажды его надо будет воскресить. Ислам поддержал ту же линию. В иудаизме тоже — тело должно вернуться в землю нетронутым. Так и пошло: сжигать стало нельзя. Не потому что плохо, а потому что «не по правилам».

А потом, в двадцатом веке, кремация вернулась. Города разрастались, земли под кладбища не хватало. Кремировать стало проще, быстрее. В Советском Союзе это даже поощрялось — без попов, без суеты, просто пепел и справка. Но для меня это не про идеологию. Не про «назло системе». Это про суть. Про то, чтобы уйти честно, чисто. Без гниения. Чтобы не лежать под бетонной плитой, а стать светом, воздухом, памятью.

Я верю: после смерти что-то продолжается. Не по сценарию фильма, не по церковным правилам — но продолжается. Душа не исчезает, она переходит. Я верю в реинкарнацию. Я уверена, что уже жила раньше. Иногда внутри всё как будто вспоминает. Стою где-то — и раз — щелчок. Дежавю. Я знаю, что будет. Кто что скажет. Как повернётся. Какая будет фраза. Это не фантазия. Это память. Не из прошлого — из другого витка.

И я заметила: когда такие моменты случаются часто, я чувствую — я иду правильно. Как будто кто-то сверху мне подмигивает: «Ты уже тут была. Всё правильно, иди дальше». И мне становится спокойно. Потому что если я уже здесь была — значит, не зря. Значит то, что я делаю, важно. Даже если потом от меня останется только вазочка. С пеплом. С характером. С историей.

...И если дежавю случается снова и снова — это знак. Это мой маршрут. Я уже здесь была. Я ещё здесь буду. И даже если однажды меня не станет — не переживай. Меня не развеяли. Я осталась. В тебе. В памяти. В голосе, который ты услышишь, когда не будешь знать, как поступить. В шутке, которая всплывёт, когда захочется заплакать. В вазочке на полке. На случай одиночества: я всё ещё твоя мама. Мама в вазе. Паники ноль. Влада, я с тобой. Всегда.

Письмо Владе

Влада. Если ты читаешь это — значит, меня уже нет рядом. Физически. Но по факту — я с тобой. Всегда.

Ты можешь злиться. Плакать. Даже забыть, куда поставила эту вазочку — ничего страшного. Я тебя всё равно найду. В твоём смехе. В твоей упрямой правде. В том, как ты защищаешь своё, даже если против всех.

Я буду рядом, когда тебе страшно. Когда скучно. Когда просто захочется, чтобы кто-то налил и помолчал. Я буду слушать, как ты ругаешься. Буду рядом, когда ты будешь бояться. И когда победишь — я это почувствую.

Ты моя. А я — твоя. Неважно, в каком мы виде. Прах, воздух, голос, воспоминание — выбирай, как тебе удобнее. Но знай: если вдруг станет совсем тоскливо, просто скажи вслух: «Мам, ты тут?» И я отвечу. Как всегда. Внутри тебя. Тихо. Уверенно. С любовью.

Глава 18. Когда всё встаёт на свои места

Прежде чем говорить об иерархии жён, нужно объяснить, о чём вообще речь. Семья — это не просто люди. Это родовая система. В ней у каждого есть своё место: у детей, у родителей, у всех, кто когда-либо входил в неё через любовь.

Если у мужчины до тебя были другие женщины — они не исчезают. Даже если он их забыл. Даже если ты о них не хочешь думать.

Родовая система их помнит. Потому что они были первыми.

И если ты — вторая, и пытаешься их вычеркнуть или занять их место, система начнёт вытеснять тебя. Признать — это не значит дружить. Признать — это уважать факт, что они были. Что до тебя у него была жизнь. И ты пришла после, а не вместо.

Мой путь к пониманию иерархии жён

Когда я начала разбираться с темой рода, то долго не могла остановиться. Чем больше я углублялась, тем больше открывалось.

Одна из тем, которая буквально приковала меня к себе, — иерархия жён.

Сначала я наблюдала и замечала за собой. В 2014-м году, после того как мы с Робертом прожили три года вместе, он спросил: не хочу ли я пойти в гости к его первой жене? — и это не показалось мне чем-то странным, даже наоборот — само собой разумеющимся, почему-то уже тогда мне было важно быть в хороших отношениях с первой женой моего мужа Роберта. Без борьбы. Без конкуренции. Без «теперь я главная». И раньше я не могла это объяснить. Просто чувствовала — иначе нельзя.

Так же было и со второй женой моего первого мужа, только намного раньше, когда я еще работала в педколледже и мы жили на Стекольном. 2005-й год. У меня с ней были хорошие отношения. Не с самого начала, конечно, а когда мы познакомились и немного узнали друг друга. Я не ощущала злости, ревности, желания что-то отвоёвывать. Наоборот — спокойствие, уважение, какая-то внутренняя этичность. Как будто я на бессознательном уровне знала, что это правильно. Что у каждой из нас есть своё место — и отнимать его у другой нельзя.

Но только позже, когда я начала глубже изучать родовые системы, расстановки, психологию, всё стало на свои места.

Каждая женщина, которая была с мужчиной, становится частью семейной системы. И её место — это не про ревность. Это про порядок. Если этот порядок нарушить — начнутся сбои. Не сразу. Не в лоб. Но через тревожные отношения, страхи, потери, нелогичные совпадения.

Раньше я просто чувствовала. Сейчас — я знаю.

Я считаю, что нет большой разницы, как ушёл мужчина: развод или смерть. В любом случае — его больше нет в твоей жизни. Но если ты ведёшь себя так, будто «ничего не было», вычёркиваешь его из памяти, не признаёшь, что он был частью тебя — это остаётся внутри. Особенно если вместе с ним осталась обида, злость, разочарование, ненависть, горечь. Если не было честного «да, это было», не было благодарности, не было внутреннего завершения — всё это начинает гнить внутри. А потом выходит наружу — уже в новых отношениях. Через тревогу. Через контроль. Через страх. В психологии это называют незавершёнными отношениями. Если ты не прожила эту связь до конца, не признала свои чувства — хорошее и плохое — то ты остаёшься связанной. И новый союз получается не «с чистого листа», а с налётом чужого прошлого, о котором никто не говорит — но оно всё равно влияет.

История тёти Нины: жизнь на повторе

Это началось не с Нины. Это началось раньше — с её матери, Иры. Та была одной из двойняшек. И её муж, Павло, до этого был женат... на её сестре. Та умерла при родах. А он — взял в жёны вторую. Вроде бы по деревенским меркам — нормально. А по системным законам — сбой. Женщина пришла не как выбор, а как замена. Не из любви. А из нужды. Не как начало. А как продолжение. И это ощущение — «я тут вместо» — оно незримо, но передаётся дальше. Так, будто система уже выучила: женщина — это не личность, а функция.

И вот Ира растит дочку, которая потом сама входит в семью... и сталкивается с тем же: непризнание, неприятие, ощущение, что ты — чужая. Только теперь уже не в роли жены, замещающей умершую сестру, а в позиции невестки, которую свекровь всю жизнь считала «не своей».

У бабушки Иры было две дочери — тётя Люба и тётя Нина. Я сейчас хочу остановиться именно на Нине. Не потому что она «особенная», а потому что на её жизни как будто отпечатались «все родовые сюжеты — как по кальке».

Первый муж тёти Нины погиб. Вроде бы обычный рабочий, сварщик. Но я, ещё будучи ребёнком, запомнила эту страшную историю: «земля, завал, смерть». Трагедия. Резкий обрыв. Она осталась одна с дочками. Но это был не единственный фронт. У Нины была свекровь. Имя её в семье почти не вспоминают — только ощущение: «она Нину терпеть не могла». Не просто недолюбливала. А как будто «изначально не приняла». С тех самых пор, как Нина вошла в их дом, — молодая жена, с верой в любовь и надеждой на семью. А свекровь — как стена. Холодная. Молчаливая. Упрямая. «Ты — чужая. Ты — не наша». Не говорила это вслух, но жила с этим взглядом. И вот так, с самого начала, Нина не получила права на «своё место». Ни в семье. Ни в системе. Ни в глазах старшей женщины.

И это как будто сломало что-то глубоко внутри: неуверенность, хроническое напряжение, ощущение, что «надо заслужить», что «не имею права». А потом — трагедия. Муж погиб. И та свекровь, которая всю жизнь смотрела на неё с ненавистью, как будто «оставила ей в наследство пустоту и вину». И это уже была не просто личная боль. Это была «дополнительная тяжесть в родовой рюкзак», который Нина понесла дальше.

Родовая система фиксирует: женщина остаётся без мужчины. Внезапно. Жестоко. Бессильно. Это становится первичным шаблоном — и он начинает повторяться.

Потом был второй. Ваня. По тем сплетням, что я слышала от родителей, он был не свободен. Тётя его «увела из другой семьи». Уговорила. Перевезла. Родила сына. И тут — снова беда. Он сломал ногу, вроде бы ничего серьёзного. Но потом — застой, осложнение и смерть.

Второй мужчина. Вторая потеря. Вторая травма — теперь с оттенком вины. В её боли была «тень обвинения». Словно она кого-то винила. Не вслух, не прямо. Но отец говорил: «как будто она обвиняет его». Моего отца. Своего брата. Потому что «в тот день, когда Ваня сломал ногу — он помогал отцу». Что-то делали. Случай.

104

Но не случайный. В таких историях всегда остаётся «может, если бы...»

В родовой системе такие вещи не объясняются словами. Они «висят в воздухе». Как эмоциональный заряд, как непроговорённая вина, как энергетический узел.

А дальше — дочери. Тамила и Алина. Обе пришли в жизнь, где за спиной — две мужские смерти, одна женская вина и незавершённые чувства.

Но самое примечательное произошло дальше с самой Ниной. После смерти Вани она больше не строила отношений: «мужчин в её жизни больше не было». Зато был сын — Сава. Она жила с ним до конца своей жизни. Он стал её домом, опорой, центром. Снаружи — просто забота матери. А внутри — всё гораздо тоньше.

Родовая система не терпит пустоты. Если мужчину не отпустили, если боль не прожита, если вина не признана — появляется «замещение». Сын начинает «занимать место мужчины». Не физически. Эмоционально. Внутри. Сава был рядом. И уже не важно, что это сын. В системе он становится тем, кто «выполняет функцию ушедшего партнёра». Это тонко. Но именно такие вещи потом и формируют перекос: когда женщина держит мужчину рядом — но в лице собственного ребёнка.

И это снова повторилось. У Алины тоже сын. И он тоже стал «мужчиной в доме». Так, как когда-то его дядя стал мужчиной для своей матери.

Это не осознаётся. Но передаётся. И работает, пока кто-то не скажет: «стоп». Пока кто-то не перестанет воспроизводить, и начнёт видеть, что происходит на самом деле.

Алина и передача родовой тревоги

Алина... как будто пошла по тому же маршруту, только своими шагами. Сначала замуж. Потом развод. Потом — мужчина из чужой семьи. Увела. Живут до сих пор, но сложно. И там — контроль до истерики, головные боли, мигрени, давление. Алина не может заснуть, если он не пришёл в кровать.

Не потому что ревнует. А потому что у неё внутри как будто звучит старая родовая сирена: «Сейчас уйдёт. Сейчас потеряешь. Сейчас умрёт». Она сама, возможно, не осознаёт этого. Но я смотрю — и вижу: это повторение. Это не её история. Это — родовая.

Женщина в нашей системе не выбирает свободно.

Она теряет, борется, удерживает, дышит через контроль. Потому что внутри сидит страх: если отпущу — останусь одна. Если расслаблюсь — он исчезнет. Если не удержу — умрёт.

Вот так работает подсознание. Оно не спрашивает, хочешь ты этого или нет. Оно просто повторяет. Пока ты не осознаешь. А осознание начинается не с книг. А с того, что ты однажды просыпаешься и говоришь себе: подожди. Это ведь уже было. У них. А теперь у меня. И если в этот момент не отвернуться — можно остановить цепочку.

И ещё одна деталь, которую невозможно не заметить, — это отношения Алины с сыном. Она считает себя отличной матерью. И снаружи это действительно выглядит так: забота, вещи, деньги, внимание — всё ему. Но если приглядеться, становится ясно: он для неё не просто сын. Он — её внутренний якорь. Её мужчина, только без секса. Она эмоционально держится за него так, как будто это единственный, кто точно не уйдёт.

106

А сын.... он вспыльчивый, требовательный. Всё должно быть по его воле. И она старается угодить — будто бы заглаживает вину.

Хотя на самом деле — она просто боится его потерять.

И вот тут — ключ к пониманию. Когда женщина не отпускает прошлое — она переносит незавершённые чувства на ребёнка. Сын превращается в эмоционального партнёра. Он растёт не как ребёнок, а как заместитель утраченной связи. И если бы это было осознанно — можно было бы что-то изменить. Но это происходит тихо. На автомате. Изнутри системы, где никто не знает, что роли перепутаны. С самого начала Алина запретила своему нынешнему мужу участвовать в воспитании ее сына. Она сказала: «Это мой сын. Не трогай его». И муж — просто живёт рядом. Без права голоса. Он как будто есть, но его как будто нет.

Для ребёнка это становится моделью семьи: отец — это пустое место, власть у матери, мужчина в доме не значит ничего.

И мальчик вырастает с этой установкой. Или он будет бессознательно повторять слабость отца, или — пытаться компенсировать это, доминируя, сжигая всех вокруг. Но одно точно: он не свободен. Он не видел настоящую мужскую роль. И значит — не знает, как быть мужчиной в своей жизни.

Вот почему всё это — не «просто жизнь». Это — система.

Которую можно либо повторять. Либо — осознать. И переписать. Если бы Алина захотела остановить этот повтор, ей не нужны были бы психологи, ритуалы и расстановки на кухонном столе. Достаточно было бы заметить: ага, стоп. Я снова тащу всё сама. Снова держу сына как мужчину, а мужчину как лишнего. Снова боюсь потерять — и от этого контролирую, устаю, раздражаюсь.

Первый шаг — признать, что это повтор. Что это не просто «не сложилось», а «повторилось». И тогда появляется шанс что-то изменить. Потом — разделить роли. Сын — это сын. Он не должен заполнять пустоту от мужчины. Мужчина — это мужчина. Он не обязан быть удобным, он просто должен иметь место.

А чтобы у кого-то появилось место, нужно самой отойти в сторону. Не сдаться — а перестать всё держать в кулаке. Поблагодарить того, кто был. Признать того, кто рядом. И перестать быть той, кто тащит всё на себе, а потом удивляется, что никто не помогает.

Вот и вся система. Просто. Но нелегко.

Глава 19. Мы не расставались. Просто забыли, кто мы друг другу

13 апреля 2025 года. Был обычный день, но с таким странным послевкусием — как будто кто-то тихо нажал на кнопку «вернуть». Вернуть память, разговоры, ощущения. У нас были гости — Лена с семьёй. Не просто знакомые, не просто соседи по иммигрантскому опыту — люди, с которыми когда-то вместе дышалось легче. Мы не виделись много лет. Разбежались не со скандалом, не с драмой — просто жизнь понесла в разные стороны. Как это бывает. И вот — снова за одним столом. Без склеек, без лоска. Просто — вместе.

Мы сели за стол, и у меня было странное чувство — не радость встречи, не ностальгия, не волнение. Скорее — ощущение, будто мы просто нажали на паузу и теперь продолжили. Без чужого взгляда, без «а как ты все эти годы?», без этих вымученных «ну, рассказывай». Как будто не было этих лет. Как будто никто никуда не уходил. Просто вчера помолчали, а сегодня — продолжаем. Это было... тихое счастье. Без всплесков. Без салюта. Такое, что греет изнутри.

Не со всеми так бывает. Такое возможно только с теми, кто встроен в тебя на уровне ритма. Где смех понятен без причины, где молчание не напрягает, где взгляд — как цитата без автора. С такими людьми не надо ничего чинить. Они не ломаются. Они возвращаются — как будто никогда не уходили.

Лена.
Если она за тебя — тебе уже повезло

Про Лену нельзя просто рассказать — её надо прожить. Она как огонь: рядом — тепло, слишком близко — обожжёт. Не из злости — из силы. В ней всегда было что-то дикое, интуитивное, почти шаманское. Она всегда была в разговоре первой. Не замолкала, не стеснялась, не отводила глаз. Смех у неё — заразительный. Легкий, как будто льётся сам собой. Иногда казалось, что у неё внутри встроенный генератор позитива. И была у неё одна фраза, которую она вставляла так часто, что я начала на неё особенно обращать внимание — «послушай». Не «слушай», не «дай сказать», а именно — «послушай». Как будто в этот момент она проверяла: ты точно с ней, ты не в своих мыслях, ты её сейчас услышишь. Психологи говорят, что за такой фразой может стоять глубокая потребность в признании: «Мои слова важны, обрати на них внимание». Может, Лена именно так и говорила — не просто вслух, а как просьбу душой: «услышь меня, не пройди мимо, я не в шутку». И, возможно, потому и запоминалось. Потому что за простым «послушай» у неё всегда было что-то настоящее. Даже когда мир вокруг трещал по швам — она шутила, оживляла, поднимала.

Когда она встретила Костю, они оба были молоды, полны жизни, бесстрашны. Работали на круизном лайнере: она официанткой, он барменом. До него у неё был роман с капитаном. Красивым. Сильным. Уверенным. Таким, которого берут в кино на главную роль. Он был в неё влюблён. А она выбрала Костю. Того, кто стоял за барной стойкой и, может, даже не верил, что его можно выбрать. Но она выбрала. Без игры. Без драмы. Просто — так почувствовала. Сказала капитану честно.

И капитан тогда сказал Косте:

— Тебе повезло. Береги её. Она классная.

И вот это многое про неё говорит. Лена — это не про логичный выбор. Это про зов. Про чувство. Про то, что невозможно объяснить, но невозможно и предать. У неё всегда был свой компас. И он вёл её туда, куда другие не решались идти.

Потом они плавали. Потом — осели в одном украинском городе. Потом — Израиль. Потом — Америка. Эмиграция, дети, работа. Когда я с ней познакомилась, её детям было три и шесть. Наверное, бессознательно я тогда начала у неё учиться. Сама не осознавая этого. Просто наблюдала, и что-то внутри меня уже записывало.

Лена не просто мама. Она защитник. Когда сын попадал в передряги — драка в школе, кто-то на кого-то наговорил, что-то не поделили — она всегда была на его стороне. Не потому что «я же мать», а потому что у неё внутри включалась броня:

— Мой ребёнок — и всё. Остальные подвиньтесь.

Я помню, однажды она делилась, как её сын опять устроил шоу в школе. Рассказывала, жаловалась, выливала всё, как подруга. А я, по доброте душевной, вставила:

— Ну да, он, конечно, перегнул немного...

И тут же получила в ответ ледяное:

— Не лезь. Это мой сын. Я сама разберусь.

И я замолчала.

И вот что интересно. Если бы на её месте была я, то скорее всего делала бы всё наоборот. Я бы сначала обвинила сына. Приняла бы чужую сторону. Разнесла бы всё в себе, потому что так у меня было заведено: если проблема — значит, мой ребёнок виноват. А потом уже, может быть, пыталась бы понять, что к чему. Но всё уже было бы сказано. И, может быть, потом уже и объяснишь, и поймёшь, но осадок останется. А я ведь тогда просто смотрела на Лену — и училась. Без тетрадки. Без лекции. Просто записывала в себя: вот так — можно.

Но всё, что кажется красивой историей, однажды сталкивается с бытом. И вот тут начинается сериал. Без сценария. Без титров. Дети росли, Лена тянула всё на себе, муж работал трак-драйвером — то есть его не было по пять дней в неделю. А когда появлялся дома — начиналось.

Пять дней мама строила, воспитывала, разговаривала, объясняла, поддерживала. А потом приезжал папа — и с порога, как будто заходил в дом не к своим детям, а в армию на проверку. Начиналась перекомандировка: всё не так, всё не туда. «Ты их не учишь, ты их не наказываешь, ты их вообще балуешь». И дальше — по шаблону: крики, упрёки, маты. Он становился как буря в тихой комнате, сметая весь порядок, что Лена выстраивала всю неделю. «Я тут добытчик, — кричал он, — а вы что делали все эти пять дней? В носу ковырялись?» И в этот момент уже никто не был ни ребёнком, ни женщиной, ни мужем. Все были обвиняемыми. И никто — не судья.

И дальше включался свой сценарий. Тот, который он сам придумал — потому что другого у него не было.

Костя в детстве рос без отца. Точнее, отец у него был, но где-то далеко — физически, а потом и ментально. Родители развелись, мама запретила даже слышать о нём. И вот ты мальчик, в семье, где все — женщины. Мама, сёстры. Всё, чему тебя учат — это как быть «хорошим мальчиком», не мешать, быть удобным, молчать, помогать, не ныть. Но кто покажет, как быть мужчиной? Никто. Костя рос в тени недосказанных обид, невыговоренных упрёков, и эта тень потом легла на всю его взрослую жизнь. Мужчину в нём никто не учил собирать. Он собирал его сам — из обрывков чужих примеров, из фильмов, из того, что услышал на улице. А потом пришло время быть отцом. Только он сам отца не видел. И теперь он пытался быть тем, кем его никто не научил быть. На ощупь. На страхе. На перекосах. Он рос как мог. И вот теперь, когда у него уже свои дети, он пытался дать им то, чего не получил сам. Только проблема в том, что он не знал, как это даётся.

Когда взрослые сами ищут взрослых

Вот тут хочется вставить одно наблюдение. Очень часто всё начинается не с детей, а с нас. С взрослых. С того, что нас никто не учил быть ни мужем, ни женой. Нас не учили, как выстраивать отношения в паре, когда вас уже не двое, а трое — вы и ребёнок. Нас не учили, как быть тёщей или бабушкой.

А потом приезжает мама. С чем? Да с самыми лучшими намерениями. С компотом, борщом и, конечно, с мнением. Потому что мама — это не просто родитель, это целая независимая комиссия по вопросам «как надо». Она не враг. Она — энциклопедия, только без кнопки «выключить». И когда она говорит: «Ребёнка надо укладывать раньше» — это не потому, что хочет контролировать, а потому что верит, что так будет лучше. Когда она говорит: «В квартире грязно», она не унижает, она просто вспомнила, как у неё самой было. Она — не против. Она — за. Только говорит на своём, мамином языке.

А зять в это время — не враг и не солдат на передовой. Он просто посередине. Между двумя женщинами, которых любит по-разному и которым тяжело объяснить, что он вообще не в силах всех устроить. Потому что мама учит дочку, как быть мамой. А дочка в этот момент уже и так не знает, кто она — жена, мать, уставшая девочка или просто человек, которому никто не дал инструкции, как это всё вообще выдержать. И вот муж — тот самый Костя — оказывается медиатором. Не потому что хочет, а потому что выбора нет. И всё бы ничего, если бы этот треугольник не превращался в поле мин. Он старается не обидеть мать, не задеть жену, и в итоге — сгорает сам. А конфликт всё равно растёт. Потому что никто не говорит прямо. Потому что нас не учили: ни как быть мужем, ни как быть зятем, ни как вообще жить в доме, где много любви, но ещё больше ожиданий.

Если бы у нас была инструкция: как говорить, как просить, как не превращать любовь в контроль — всё могло бы быть иначе. Тогда бы мама уезжала не со словами «фух, наконец», а с объятиями. Тогда бы никто не ждал внуков, чтобы отомстить за критику. Тогда бы дом был домом, а не территорией боевых действий.

Но нас никто не учил. Вот и живём, как умеем.

Когда Костя стал отцом, он просто продолжил играть ту роль, которую сам для себя придумал. Без сценария, без режиссёра, без репетиций. Он делал, как считал нужным. Не из зла, не из тирании — скорее из страха. Из внутренней паники, что упустит, что сын станет ещё одной незавершённой главой в его жизни. Он вкладывал силы, деньги, амбиции. Особенно в сына. Там было всё: спортивные секции, хоккей, тренировки, ранние подъёмы, мороз, соревнования. Он возил его, мёрз вместе с ним на катках, сжимал кулаки на трибунах, тратил последние силы, деньги. Но за этим всем стояла не только мечта — вырастет чемпион, прославит фамилию, станет тем, кем сам не стал. За этим стояла ещё одна, неозвученная надежда: может, через него я всё-таки стану собой. Может, через него я смогу вернуть себе то, что у меня не вышло. А это, как известно, путь в никуда.

114

А сын — нет. Не стал. Не захотел. Не захотел ходить на хоккей. Не захотел быть проектом. И однажды сказал:

— Папа, я не хочу.

А в ответ:

— Тогда ты нигде не будешь. Никаких кружков. Никаких увлечений. Всё.

И вот тут всё надломилось. Потому что когда ребёнку говорят: «Или делай, как я хочу, или не делай ничего» — он начинает искать, как выжить в этом выборе без выбора. И чаще всего — уходит от реальности. Во что? Да всё просто: в то, что притупляет. В наркотики. В отказ от себя. В разрушение — потому что на конструктив не оставили места.

И теперь — обиды.

— Мы в тебя вложили.

— Мы столько дали.

— Мы так надеялись.

— А ты не оправдал.

Но вы хоть раз спросили: а он хотел быть тем, кем вы мечтали его сделать? Или мы так заняты лепкой «идеального ребёнка», что забываем спросить: а хочет ли он вообще быть из этого теста? Своими руками, из лучших намерений, мы часто вбиваем в голову детей чужие мечты, чужие стандарты, чужие роли. А потом удивляемся, что у них свои — поломанные, перекошенные, с отторжением. Так, вроде бы любя, мы и ломаем их — тихо, не замечая, как каждый наш «я лучше знаю» становится гвоздём в их свободу.

Вот тут важно. Потому что таких историй — тысячи. Когда отец сам вырос без отца — и пытается вырастить мужчину, не зная, что это вообще значит. Когда мама в одиночку держит дом, а потом вдруг появляется «папа на выходные» — и рушит всё, что она выстроила. Когда родители говорят: «мы столько в тебя вложили», а ребёнок хочет сказать: «а кто вас просил вкладывать, если вы не спросили, во что?»

И потом эти же родители всю оставшуюся жизнь друг друга обвиняют. Потому что обвинять — легче, чем пойти к психологу. Легче, чем признать: да, я не знал, не умел, не справился. Легче, чем снять броню и начать разбираться — не в ребёнке, а в себе. Мы сражаемся друг с другом, вместо того чтобы один раз по-настоящему посмотреть внутрь.

Психологи говорят об этом просто. Если мальчик растёт без примера мужской заботы — он вырастает с пустотой. А потом, уже во взрослом возрасте, пытается эту пустоту заткнуть силой. Контролем. Жёсткостью. И тогда он не отец — он проектор своих нереализованных страхов.

Ребёнок — это не план «Б». Это не шанс переиграть свою биографию. Но мы почему-то часто именно так и делаем:

— У меня не получилось — у него получится.

— Мне не дали — я дам.

— Меня не любили — я зато из него человека сделаю.

И вот тут всё ломается. Потому что ребёнок не просил быть заменой твоим травмам.

А дальше — закономерно: ребёнок, который не может быть собой, начинает исчезать. Не сразу. Сначала — из разговоров. Потом — из спорта. Потом — из школы. А потом — и из жизни. Сначала в наушники. Потом в таблетки. Потом в вещества, которые отключают боль. Потому что боль — это ты.

Когда боль накапливается
— она стреляет

И вот случилось то, что случилось. Чашка полетела в стену. Почти попала в голову. Это был срыв. Очередная ссора. Потом — звонок в 911. Приехала полиция. Забрала сына. Тишина. Реабилитационный центр для наркозависимых. Шесть часов в одну сторону. Шесть обратно. Сама. В машине. Слёзы? Нет. Истерика. Потом домой. С опухшим от слёз лицом. С внутренним криком: «Почему?»

Но, наверное, правильнее спросить не «почему», а «зачем». Потому что если уж это случилось, значит, зачем-то. Какой-то опыт. Какой-то урок. Целый курс жизни. Бессонные ночи. Антидепрессанты. Хождение кругами вокруг озера, километры, чтобы выжать из себя то, что не выжимается. Но оно никуда не уходит. Оно — остаётся. И остаётся вместе с ним — чувство: я же мать.

Я однажды прочитала историю. Когда у матери Андрея Чикатило[1] (да, того самого — серийного убийцы, маньяка из СССР) спросили, что она думает о сыне, она без тени сомнений ответила:

— У меня хороший сын.

Нам страшно такое принять. Но в этом и есть суть роли — видеть в человеке то, чего уже никто не видит. Потому что мать не судит. Мать — верит. Даже если весь мир — нет.

---

[1] Андрей Чикатило — советский серийный убийца, осуждённый за более чем 50 убийств в 1970—1980-х годах. В СССР его называли «Ростовским потрошителем». Его дела стали одними из самых громких и чудовищных в истории советской криминалистики.

И тут важно. Это не оправдание. Не защита. Это слова матери о сыне — не о его поступках, не о приговорах, не о преступлениях. А о том, кем он был для неё. С высоты своей субличности. Из своей роли. Без холодного расчёта. Без фильтра.

Кому понятно — тем понятно. Кому непонятно — объяснять не буду. Да и не могу. Потому что это не про логику. Это про ту самую слепую, отчаянную, ничем не объяснимую материнскую любовь, которая остаётся даже там, где больше ничего нет.

Вот почему в самом начале книги я и сказала, что для меня мама Чикатило ассоциируется с моей подругой. Вот почему Лена — мать с большой буквы. Мать до конца. До боли. До срыва. До самой себя.

Скажу честно: я вообще люблю вот эту эзотерическую ересь. Ну верю я в то, что душа после смерти не идёт на покой, а идёт — по второму кругу. Верю, что мы тут не первый раз, и не последний. Не потому, что в лобби отеля кто-то с картами Таро мне так сказал, а потому что у меня иногда внутри ощущение — что я кого-то не просто знаю, а помню. Не по имени, не по биографии — по вибрации. Да, смешно звучит. Но мозг — это логика, а душа — это память без фотографий. И иногда душа в тебе говорит громче. И да, иногда мне кажется, что мне просто надо меньше кофе и больше сна. Но пока — верю.

А ещё... может быть, не просто так? Может, в этой любви есть нечто, что выходит за рамки этой жизни? Ведь я всё чаще думаю: а если душа не умирает? А если Лена — это не просто женщина, застрявшая в ядовитых отношениях, а душа, которая когда-то пообещала, что найдёт и спасёт? Может, в прошлой жизни она была матерью, которая потеряла сына. Не просто потеряла — он утонул. Исчез в воде. Без шанса вернуть. Без прощания. И тогда, в отчаянии, она пообещала себе: «Я найду тебя.

118

Во что бы то ни стало. И больше никогда тебя не отпущу». А потом — нашла. Не просто так, а в море. На лайнере. Там, где когда-то потеряла. И если это звучит как выдумка — пусть. Но для меня это звучит как подсказка откуда-то из глубины. Потому что случайности — это просто хорошо замаскированные совпадения со смыслом.

Нашла в море. На лайнере. Там, где и потеряла. Только теперь он — не сын. Теперь он — муж. Костя. И, может быть, именно это и путает все карты. Потому что душа — помнит, а тело — не узнаёт. Потому что роль другая, а связь — та же. Внутри будто что-то сопротивляется: как это, любить, подчиняться, быть женщиной рядом с тем, кого в другой жизни ты носила на руках как сына? Это не укладывается в логику, это не проговаривается словами. И от этого постоянное внутреннее дёрганье: я должна быть женой, но я не чувствую себя ею до конца. Это как встретить человека, чьё имя не помнишь, но запах — как из детства. Он мне ближе, чем просто партнёр. Но и дальше, чем просто любовь. Вот такая странная, необъяснимая и до конца не осознанная близость. Которая держит. Которая не отпускает.

И всё это объясняет. Почему с ним тяжело, но без него невозможно. Почему она не может уйти, даже если каждый день как под дых. Потому что душа не подчиняется логике. Она помнит. И держит.

Ирония судьбы? Нет. Кармическая завязка. Связь, в которой перепутались роли, но осталась боль, любовь и долг. В таких ситуациях жизнь подбрасывает особые испытания: на принятие, прощение, доверие. И одно из них — выбор: брать или не брать фамилию.

С эзотерической точки зрения фамилия — это не просто набор букв в паспорте. Это энергетический ключ к роду, к задачам, к карме. Когда Лена отказалась брать фамилию мужа, она, по сути, оставила за собой границу.

С духовной точки зрения такой выбор не про формальности. Это про символ. Про шаг навстречу. И про готовность не просто проживать любовь, но и завершать старую боль. Потому что, может быть, именно через принятие его как мужа и как части себя — она и сможет отпустить его как сына.

И вот ты стоишь — в новой жизни, в новом теле, с новым паспортом — а чувства всё те же.

Потому что история не закончилась. Потому что урок ещё не выучен. Потому что контракт между душами — всё ещё в силе.

И в этом нет эзотерики, если подумать. Потому что и психология, и реинкарнация — просто попытка объяснить: почему мы иногда не уходим оттуда, где больно. Потому что душа помнит, а нас никто не учил — как с этим жить.

Глава 20. Когда вопрос бесит — значит, задет нерв

Пишу всё как-то вразброс. Но потом поняла: я начинаю с того, что меня кумарит в данный момент.

Вот, например. Меня очень раздражает, когда мой брат, во время разговора по телефону, начинает спрашивать:

— Ну как там Вадик? Не женился? Кто-то у него появился?

— А Влада когда замуж выходит?

И это каждый раз. Я начала думать — почему меня это так выбешивает?

Меня лично это не касается. Я очень рано вышла замуж — в семнадцать лет. И, по сути, всю свою жизнь я замужем. Так что ко мне даже никогда не возникал вопрос «а ты когда?» Этот вопрос меня как будто обошёл стороной.

С моими детьми всё иначе. Вадику — тридцать четыре. Владе — двадцать шесть. И если смотреть через призму традиций прошлого — это уже повод для беспокойства. Мол, «пора», «что-то не так», «все уже». Но у них — другая реальность. Другое время. Другой ритм.

И вот тут я включилась. А что именно не так? С ними? Или с тем, как мы смотрим на саму идею брака? Ответ пришлось искать глубже. Не в них. А в системе, в корнях. В том, откуда вообще появилась идея «жениться вовремя».

Кому будет неинтересно — можете выйти покурить. А я копнула. И вот тут я ушла далеко назад — туда, где всё началось.

121

От свободы — к собственности. Как появился брак

Когда люди были кочевниками, никакой бюрократии не существовало. Ни паспортов, ни ЗАГСов, ни этих неловких семейных застолий с тостом: «Ну, а когда свадьба?» Были связи. Были дети. Были роды — не «роды» как роддом, а как кланы, где все знали друг друга и примерно понимали, кто чей.

Каждый знал своё место: кто охотится, кто ягоды собирает, кто спит с кем — ну, как-то само определялось. Без нотариуса.

Но потом пришёл большой поворот: около 10—12 тысяч лет назад людям надоело бегать туда-сюда, пить воду из новых рек и терять скот в каждом новом овраге. Они подумали: «А может, уже хватит?» — и начали оседать. Сначала просто задерживаться дольше. Потом — строить. Потом — накапливать. А потом — разбираться, кому всё это оставить. Появились дома, земля, скот. А вместе с ними — имущество. И сразу же — вопрос: «А кому всё это добро оставить, когда я сдохну?»

И вот тут пошло: «Так, ты моя, ребёнок — мой, поле — тоже моё. Закрепим это всё... браком». Так возникли «имущественные союзы». Не «я тебя люблю», а «мы теперь связаны налогами, зерном и дедушкиной лопатой». Появился «приоритет первого мальчика» — всё ему: земля, стадо, имя. А женщинам — родить и по возможности не мешать.

Где-то с III—II тысячелетия до н.э. в Месопотамии, Египте, позже — в Греции, Риме — брак становится юридическим актом. Это уже не про чувства, а про договор. Женщина — ресурс. Мальчики — наследуют.

И вот — 2025-й год. А внутри нас всё ещё живёт этот древний голос: «Ну когда замуж?» «Что, до сих пор не женился?» — это не просто вопрос. Это «эхо той самой системы», которой мы уже не обязаны подчиняться — но которой всё ещё боимся ослушаться.

Советская прошивка: брак как обязанность

Так как мы, наши родители и их родители были воспитаны в советские времена, это уже три, а может, и четыре поколения, которые росли с установкой «жениться надо». А зачем — никто не объяснял.

Главное — чтобы был брак. Чтобы была «семья». А то, что внутри этой семьи — неважно. Хоть холод, хоть ругань, хоть пустота. Главное — не быть одной. Не быть «разведёнкой». Потому что развод — это был «стыд и позор». Метка.

В моей семье — ни по маминой, ни по папиной линии — не было разводов. Ни у кого. Ни деды, ни прадеды, ни двоюродные не разводились. Как будто у всех был пожизненный абонемент на терпение и взаимные крики.

Коснулось это и моих родителей. Долгие годы — как на пороховой бочке. Только не жизнь, а хроническое раздражение под одной крышей.

И вот однажды — свершилось. Чудо. Отец собрал, как говорится, «свои яйца в кулак», и вышел из этого брака, где был только яд. По крайней мере всю мою сознательную жизнь — точно.

Сказал: «Хватит». И ушёл. Поздно? Возможно. Но лучше поздно, чем сдохнуть в клетке с табличкой «семья». Но при этом — я почти не видела вблизи семьи, где была бы любовь. А если и видела — то завидовала. Завидовала подругам, у которых родители не ругались, не кричали, не умирали от молчания.

Вижу, как люди живут вместе, но счастья — нет. Скандалы, ругань, крики, тишина обид. Жили не потому что хотели, а потому что «так надо».

Почему сегодня столько разводов?

По официальной статистике за 2024-й год, на постсоветском пространстве на каждые десять зарегистрированных браков приходится от семи до девяти разводов. Звучит как ад. Как будто люди вообще разучились быть вместе. Но если включить мозг — становится ясно, откуда ноги растут. В 1940-е развод был почти невозможен. Сначала суд, потом газета, потом пошлина, потом позор на весь коллектив.

Итог — люди жили вместе не потому что хотели, а потому что «деваться было некуда».

А потом — бам. Шестидесятые. Закон перестал душить: упрощённая процедура, меньше позора, чуть больше воздуха. И народ, который всё это время держался на последнем нерве, пошёл разводиться. Не потому что разлюбили. А потому что устали врать.

Дальше — больше. В 2000-х всё упростили ещё сильнее. Подал заявление — через месяц свободен. И цифры снова взлетели. Но дело уже не в бумажках. Дело в том, что быть вместе перестало быть обязанностью. А стало выбором. Только вот как удерживать этот выбор — никто не объяснил.

Ни в школе, ни дома, ни тем более в книжках по саморазвитию. Да и какие, к чёрту, книжки? Мы вообще не знали, что они существуют. По крайней мере я не знала. Мы учились жить как умели — на ощупь, на примерах чужих ссор, на собственных шишках.

Вот поэтому я не хочу, чтобы мои дети — Вадик

124

и Влада — попали просто в статистику разводов. Пусть лучше позже. Или вообще никогда — как сами решат. Пусть не по сценарию. Зато по-настоящему, по себе.

И вот тут встаёт вопрос: почему? Почему эти девять пар, которые обещали быть вместе «в радости и в горе», вдруг разводятся через два, три, четыре года?

Потому что быть рядом — это не только про любовь. Это ещё и про ценности. А если у двух людей ценности не совпадают — это беда. Сначала кажется, что можно как-то потерпеть, адаптироваться, промолчать. Но потом это вылезает. На каждом шагу. Один хочет дом в пригороде, другой — уехать в Азию на полгода. Один за стабильность и режим, другой — за спонтанность и свободу. Один строит планы на семью, другой не уверен, что вообще хочет детей. И вроде оба хорошие. Просто разные. И если об этом не говорить честно — начинается разрушение. Медленно, изнутри.

Потому что невозможно строить общее будущее, когда фундамент у каждого — свой.

Вот поэтому про ценности надо договариваться «на берегу», пока не завязли по уши в быте и не родили ребёнка. Не после, не во время — а до. Ртом. Прямо. Без намёков и надежд на «перевоспитается».

Если ваши ценности не совпадают — расходитесь. Не мучайте друг друга. Но для этого нужно говорить. А кто нас этому учил? «Та никто». Мы открывали книжки только в школе, чтобы двойку не схватить.

А в жизни — как попало, как получится. Отсюда и статистика. И мы же потом в этой статистике — просто цифры.

Да, часть этого — инерция. Мы женимся, потому что «так надо». Потому что наши бабушки и дедушки женились. Потому что нам вбили, что «пора».

Но есть и другая причина: нас никто не учил, что делать дальше. Мы знаем, как влюбляться. Но не знаем, как жить вместе. А тем более — как жить втроём, когда появляется ребёнок. Психологи называют это сменой уровней существования. Сначала ты живёшь в «моно-режиме» — один. Тебе хорошо, ты сам с собой. Потом появляется партнёр — начинается «дуал-режим». Уже нужно учитывать другого, договариваться, делиться. Потом появляется ребёнок — и ты входишь в «трипл-режим». Где ты уже не «мы», а «система из трёх людей с разными потребностями». И если ты не осознаёшь, как это устроено — начинаются конфликты. Потому что мозг всё ещё работает в режиме «я» или «мы», а жизнь уже требует думать втроём, жить втроём, выстраивать баланс. Но никто этому не учит. Ни в школе. Ни дома. Ни на работе.

И это не потому, что нас специально решили оставить в неведении. А потому что наших родителей тоже никто не учил. Их родители — тем более. Они просто не знали, как надо. Они жили как умели. Повторяли модели, которые сами видели. Терпели, молчали, скандалили, но не разбирались. А если тебя самого никто не учил — ты не можешь научить другого.

Вот так и передавалось: не знание — а неумение. Не опыт — а выживание. И потому браки сыпятся не потому, что люди плохие. А потому что система слишком сложная, а инструкция — нулевая.

Поэтому я очень спокойно отношусь к тому, что моему сыну тридцать четыре, и у него никого нет. Значит, он пока не готов быть вдвоём. А тем более — втроём. И по мне — это в сто раз лучше, чем слепо прыгнуть в брак, а через год разбить всё в ноль.

А вот Влада — другая. Она, конечно, хочет замуж. Но подходит к этому вопросу с холодной головой. Не заоблачные мечты, а расчёт с калькулятором и настройка внутреннего компаса.

У неё включён практический режим — Америка, как-никак. Здесь всё дорого: аренда, медицина, страховка, даже свадьба. Так что просто «влюбилась — выхожу» не работает.

Да и внутри что-то её стопорит. Может, не до конца уверена в парне. А может — ещё не до конца уверена в себе. Такое чувство, что пока не нашла ту самую точку, откуда хочется сказать: «Вот теперь — да».

И, знаете, я это уважаю. Она не бежит за кем-то. Она идёт своим шагом. А в двадцать шесть — это вообще шик. Особенно здесь, в Америке, где брак в тридцать-тридцать пять — это не трагедия, а нормальный взрослый выбор.

Так кому мы врём — и зачем? Ведь чаще всего — самим себе. Чтобы не выглядеть «не такой», чтобы не слышать лишних вопросов, чтобы не отличаться от шаблона.

Но сейчас другое время. Сейчас не нужно врать себе. Просто подойди к зеркалу, посмотри себе в глаза и задай вопрос. Ты знаешь ответ. Всегда знала.

По мне — так лучше быть одной, чем выходить замуж за первого, кто оказался под рукой, просто чтобы доказать себе и окружающим, что ты ещё «в обойме». Особенно когда это делается сразу после того, как тебя бросили. Не из любви, а из удобства, из страха, из желания показать — «я тоже востребована».

Лучше не иметь детей, чем родить двоих и при этом прожить жизнь с мужчиной, которого ты не любишь — и никогда не любила. И строить отношения с другим уже прямо на глазах у этих детей. Вот и вопрос: какая судьба у этих дочерей? А ответ, по сути, рядом. Не у гадалок, не в гороскопах. Это будет тот же круг. Бабушка, мама — и теперь они.

Замкнутая система, которая крутится просто потому, что «когда-то надо было выйти замуж», а потом — «нельзя было разводиться», потому что «у дочки будет два отца, как же так». Вот с этого всё и начинается.

И тут я вдруг поймала себя на мысли: а ведь род — это не про то, чтобы все срочно поженились и нарожали. Род — это не про штампы. Это про движение вперёд, про то, как каждое поколение делает шаг чуть дальше, чем предыдущее.

Мои бабушки жили с мужьями, которых не выбирали. Мои родители — в браках, где любви не было, но был страх развода. Я — в союзе, который был слишком ранним. А мои дети уже не торопятся. Они сначала ищут точку опоры в себе. И мне кажется, именно в этом и есть суть: род не обязан повторяться. Род может разворачиваться. И тогда выбор не разрушает систему, а наоборот — усиливает её новым осознанным витком.

Потому что сегодня всё изменилось. Никого уже не волнует, кому оставить землю или стадо. У каждого есть возможность самореализации — с браком или без. Можно самому заработать, построить, купить, накопить.

Раньше женщина без мужчины была зависима. Сейчас — может вырастить ребёнка, построить карьеру и быть свободной. Хочешь — выбирай донора в банке спермы, подбирай по генетике и внешности. Родила для себя — и живи, как хочешь.

Ты не обязана быть с кем-то, чтобы получить дом, статус, ребёнка или уважение. И любить ты можешь кого хочешь — мужчину, женщину, никого. Никто уже не приходит с указкой и не спрашивает: «А где твой?»

Это не про анархию. Это про переход на новый уровень личной ответственности. Где ты не живёшь по шаблону. Где у тебя есть выбор. Но вместе с этим — и осознанность: зачем ты делаешь то, что делаешь.

Но так как нас этому не учили — и об этом до сих пор толком никто не говорит — в обществе продолжают всплывать стереотипные вопросы. А когда замуж? А у него кто-то есть? А сколько тебе лет?

Так вот. Я за то, чтобы на такие вопросы честно отвечать: «занимайтесь своей жизнью — и от......съ от людей».

Потому что где ты не живёшь по шаблону, где у тебя есть выбор — там и появляется осознанность: зачем ты делаешь то, что делаешь. Особенно здесь, в Америке, где брак в тридцать-тридцать пять — это не трагедия, а осознанный выбор.

Я учу свою дочь Владу так, как хотела бы, чтобы кто-то когда-то научил меня.

Научите своих дочерей, что вернуться домой после неудачного брака — не позор. Это не слабость. Это не «всё зря». Это выбор в сторону себя. Это лучше, чем каждый день жить в травме. Или, прости Господи, медленно умирать — эмоционально или буквально. Научите свою дочь, что расставание — это не провал. Это может быть единственный верный шаг. Это не конец — это стартовая точка новой жизни.

Пусть знает, что уход — это не поражение. Это победа. Победа над страхом. Над зависимостью. Над чужим мнением. Над собой вчерашней. И если кто-то однажды скажет ей: «Ну ты же обещала», пусть она знает: самое главное обещание — быть честной с собой. Конец отношений не значит, что ты плохая. Он может означать, что ты — живая. Что ты выбрала не притворяться. Что ты нашла в себе силу сказать: «Мне так больше нельзя».

Я говорю это Владе. Потому что я прошла. Потому что знаю. Потому что хочу, чтобы она не ломала себя там, где не ценят. Чтобы не жила с теми, кто не слышит. Чтобы не ждала чуда, когда внутри всё кричит «уходи».

Пусть знает: выйти из круга, где тебя не уважают — это не проигрыш. Это победа сердца. Я хочу, чтобы она знала — выбрать себя не стыдно. Стыдно не знать, кто ты есть.

Глава 21. Он был моим мужем по документам, но не в жизни

Про начало второго брака я уже писала. На тот момент моя фамилия была Бородавка. Это многое объясняет. Особенно то, почему она теперь не моя.

Хотя... кому как повезло с фамилией, а мне — с опытом.

Потом несколько дней думала: что ещё написать? И ничего. Ни одной тёплой картинки. Ни одной сцены, от которой хотелось бы взгрустнуть, вздохнуть, прижать к сердцу. Всё — негатив. Всё — как будто мультик в голове, но с матами, с руганью, с упрёками, с тяжестью. И это при том, что брак длился шестнадцать лет.

Справедливости ради: две вещи я вынесла из этого брака как бриллианты. Первая — моя дочь Влада. Моя радость, моя гордость, мой спутник, мой учитель. Вторая — Америка. Мы переехали. Не потому, что всё было плохо в Украине — а потому что была возможность, и мы ею воспользовались. Хотя и тут без драмы не обошлось.

Перед самым вылетом, буквально за пару дней, Богдан вдруг выдал: «Мне осталось полгода до пенсии. Я не знаю, надо ли нам лететь». И вот тут у меня включилась вся актёрская школа жизни. Уговаривала как могла. Психолог, манипулятор, артист — всё в одном. Говорю: «Вези нас, а потом сам возвращайся, если так сильно хочешь». И ведь вывез. За это — спасибо. Потому что если бы меня не было здесь — меня бы, возможно, уже не было вообще. Я бы не встретила своего Роберта. Я бы не начала жить так, как не смела даже мечтать.

Мы за шестнадцать лет брака даже ни разу не ездили в отпуск. Ну ладно, был один случай. В Украине. Он отпустил меня с детьми — потому что я ехала с беременной невесткой и её двумя дочерьми на море. Аж на целую неделю. Потом, правда, месяцами укорял: «Как ты могла вот так отдыхать, когда я тут один, бедный, пахал». Ну да. Пахал. В милиции. Видимо, трактор у них там прямо в отделении стоял — борозды пахал, пока мы в Одессе семечки грызли.

И ещё один отпуск — уже в Америке. В Лас-Вегас. Ну как отпуск — просто походили по улицам. Денег не было ни на шоу, ни на ужин. И, как выяснилось потом, и на отношения у него уже ресурсов не было. Потому что в тот момент, пока мы фоткались на фоне неоновых вывесок, он уже обсуждал с бывшей первой любовью Алёной, как они будут строить совместное будущее. Миленько, да? А я думала, это просто жара.

Кстати, даже кино мы не могли нормально посмотреть вместе. Мне нравятся расследования, детективы, когда мозг работает, логика выстраивается, кровь, труп — и вот он, преступник! Фильмы с кейсами, с убийствами — не потому, что я фанатка маньяков, а потому что мне нравится анализ, нравятся развязки, логика, как строится цепочка, как находят убийцу. Интенсивность, напряжение, а не розовые сопли.

А ему — добрые фильмы, где все счастливы, женятся, поют и варят борщ. Мы даже на фоне кино воевали. Он не мог понять, как мне может нравиться сцена убийства. А я не могла понять, как можно два часа смотреть, как все счастливы. Кто в это вообще верит?

Сказки, которые испортили мальчиков...

Может, дело и правда в сказках. В этих «добрых», «воспитательных», где у Золушки обязательно есть Принц, у Белоснежки — свой, и у Спящей красавицы — тот, кто её целует без разрешения, но все почему-то рады. Если ты мальчик, который в детстве пересмотрел всё это великолепие, у тебя в голове формируется: жениться

131

надо на принцессе. Нежной, послушной, желательно — немногословной. И вот ты вырастаешь. Встречаешь меня. А я — не из сказки. Я из жизни. Причём, без вступлений и с прямым текстом.

И вот в этот момент у Богдана, моего бывшего, случился крах всей системы. Розовые очки треснули — стёклами внутрь. Потому что он-то рассчитывал, что я буду благодарной, домашней, тихой. А тут выясняется, что я не только думаю — я ещё и говорю. Причём вслух. Причём то, что думаю.

Видимо, никто не предупредил его, что сказки — это не жизнь, а метод социальной дрессировки. Где девочек учат быть спасаемыми, а мальчиков — спасителями. Только вот реальность потом этих спасителей не щадит. Если ты уже влип в систему ожиданий, основанных на сюжетах с хэппи-эндом — придётся потом проходить через терапию. Или как минимум — через развод.

И вот ты уже не можешь смотреть романтические комедии без раздражения. Потому что теперь ты знаешь: близость не строится на взгляде через свечку. Она строится на том, кто сегодня выносит мусор. Кто не хлопает дверью. Кто умеет разговаривать, даже когда бесит. А ещё — на умении не требовать от женщины быть принцессой, если ты сам даже не можешь организовать себе чистые носки.

Женщина не обязана быть героиней сказки. И мужчина — не сценарист её жизни.

Можно оставить в школьной программе «Ромео и Джульетту», но с пояснением: «смотрите, дети, вот что бывает, когда никто не говорит о чувствах вслух, все всё додумывают и заканчивается это гробом на двоих».

Реальная эмоциональная близость — это не волшебство. Это работа. С юмором. С честностью. С тем, что ты иногда неидеальный. И она — тоже. Но всё равно вместе.

Не потому, что кто-то кому-то что-то должен, а потому что есть выбор. Каждый день.

Так вот, за две вещи я ему благодарна. За Владу. И за визу. Потому что если бы не ты, дорогой мой урок выживания, — не было бы у меня Америки. Не было бы Роберта. Не было бы свободы. Так что — да. Спасибо. Не за любовь. Не за верность. А за то, что вывез. Потому что, спасаясь от тебя — я спасла себя.

Глава 22. Тамила. Человек-добро

Познакомилась я с Тамилой, моей двоюродной сестрой, уже будучи взрослой — когда у нас обеих были дети. У меня — Влада, у неё — Максим. Да, не оговорка: «познакомились». Потому что до этого мы были просто «в курсе, что такие существуют». Последний раз я её видела на своей первой свадьбе: мне — семнадцать, ей — двенадцать, ребёнок, тихая, рядом сестрой и мамой, и всё. Мы даже толком не поговорили. Вроде как родственники, но по факту — прохожие.

У нас в семье близость с родственниками определялась не генетикой, а санкцией моей мамы. Она была как министр иностранных дел нашего семейного союза. Если мама говорила: «С этими общаемся», — общались. Если: «С этими — нет» — всё, блок. Даже если это родная сестра отца. Он вообще в семейной политике был больше как парламент — без права голоса.

А Тамила с её мамой были из той категории, с кем не надо. Не потому что плохие. Просто «невесело и бесполезно». Если бы тётя работала, скажем, на конфетной фабрике — возможно, шанс на родственную близость был бы. А так — увы. Мамина логика: если ты не приносишь радость или шоколад — ты не родственник, ты статист.

И вот через много лет, как взрослые, мы с Тамилой всё-таки пересеклись. И оказалось, что она — сокровище. Такой, знаете, вечный хомячок на колёсике. Крутится, улыбается, всех спасает. Человек-батарейка. Причём не такая, что разряжается — а такая, что раздаёт энергию всем подряд.

У неё всё по графику: работа, семья, процедуры для лица — раз в месяц сходит, в бассейн — ну и хватит. Главное — встречи. С родственниками, с друзьями, с соседями, с бывшими одноклассниками, с коллегами их мужей и даже с друзьями собаки. Ей надо «быть в людях». Не потому что она поверхностная — а потому что у неё программа: быть нужной.

Она услышит, что тебе нужны какие-то таблетки — и через десять минут уже знает, где их достать, за сколько и с какой скидкой. Причём ты её даже не просила. Это в неё встроено. Это её Wi-Fi к запросам других людей.

И тут я начинаю задумываться: а что будет, если однажды никто ничего не попросит? Если вдруг все вокруг выздоровеют, наладят свои дела, купят таблетки сами, и наступит... тишина? Вот тогда Тамила сядет, посмотрит в стену — и, скорее всего, организует этой стене капитальный ремонт. Потому что просто сидеть — не умеет. Просто быть с собой — это не по её внутренней инструкции.

С точки зрения психологии — это, возможно, про внешний локус контроля. Про то, что твоя ценность — в том, чтобы быть нужной. А с точки зрения духовности... может, она просто пришла сюда служить. Не себе — а миру. И в этом её миссия. Её радость. Её путь.

Но иногда мне хочется взять её за плечи, усадить и сказать:

— Ты не обязана быть полезной. Ты уже — драгоценность. Даже если просто сидишь. Даже если молчишь. Даже если сегодня ты ничего никому не нашла, не купила, не решила. Ты — это ты. И этого достаточно.

Но знаю, что она не сядет. Она уже кому-то ищет витамины. Или делает салат. Или договаривается о кресле на завтра. Потому что она — такая.

И я её обожаю. Потому что если бы в мире было больше таких Тамил — жить было бы теплее.

Иногда я думаю: а как вообще Тамила не распалась на части? Ну, правда. С её графиком, с её заботой, с её вечным «кому чего, где достать, кого подвезти, кому что сказать, кому в уши подуть и кого обнять» — это надо родиться со встроенным аккумулятором.

И это всё при том, что Тамила — старшая сестра. А это диагноз. Сразу. Старшие — это те, кто с пелёнок учатся быть «ответственными». Не важно, хочешь ты быть хорошей или нет — надо быть. Потому что за тобой идёт младшая. В её случае — Алина. Которая вообще с другой планеты. Там у неё, видимо, космос, чакры, энергия самообожания и девиз: «либо обо мне, либо молчи».

Если бы их было двое на корабле, и одна из них должна была выйти в открытый космос ради спасения мира — угадайте, кто бы скафандр передал? Да-да. Тамила. Потому что так устроена. Потому что она не может по-другому.

А ещё у неё есть младший брат. Тут вообще отдельная песня. Я иногда смотрю на него и думаю: «господи, как бы ты выжил без Тамилы?» Конечно, это сарказм. Но как говорится — в каждой шутке... Она — ему и сестра, и мама, и психотерапевт, и водила, и «алло, кто тебя забрал с вечеринки», и «ты ел?», и «я уже договорилась с врачом, тебе осталось только доехать». Это уже не просто забота — это профессия. Она не работает сестрой. Она живёт этой ролью. И я очень уважаю это. Но я переживаю за неё. Потому что сколько можно быть всем, кроме себя? Иногда мне хочется задать ей один простой вопрос: «а если завтра все вдруг выживут без тебя? Ты кто тогда?» Не потому, что она не важна. А потому что важно быть собой, даже когда ты никому не нужна. Даже когда никто не просит таблеток, советов, билетов, такси. Когда никто не просит — ты остаёшься сама с собой.

И вот тут — начинается философия.

В психологии это называется поглощение ролевыми идентичностями. Когда ты так увлеклась быть полезной, нужной, незаменимой — что уже и не знаешь, кто ты, если не в роли. А в духовной плоскости — это похоже на жертву с любовью. Когда ты даёшь, и даёшь, и даёшь. Только вот забываешь: нельзя наливать из пустого чайника. Даже если у тебя на крышке написано «чайник от Бога».

Так и с Тамилой. Она — свет. Но свет, который может перегореть, если не подзаряжаться. Я не знаю, как бы она выжила без них. А вот они — без неё? Это вообще без шансов.

Поэтому мне хочется, чтобы она иногда ставила телефон в режим на «без звука», мозг — в режим «я дома», и просто ложилась в ванну с солью, книгой и плевала на всех, кто что-то не нашёл, не заказал, не загуглил.

Ты не виновата, что у других нет головы. Ты — не техподдержка их жизни. Ты — человек. Любимый. Хороший. Достаточный — даже без пользы.

И я могу долго рассказывать, какой она человечный человек. Но один момент — самый яркий. Когда мы с Богданом уезжали в Америку, Влада осталась на три месяца с Тамилой. И я ни секунды не переживала. Вот ни одной. Не потому что я — чёрствый сухарь, а потому что это была Тамила. При её поддержке можно было не волноваться. С ней рядом — можно было даже выдохнуть. 200% доверия. Не сто — двести. Потому что я знала: о моём ребёнке заботятся, Влада — в тепле, в порядке, накормлена, причесана, любима. Это был не просто удобный вариант. Это был самый безопасный и душевный выбор.

И это, наверное, главное, что можно сказать о человеке: «я могу оставить тебе самое ценное — и не волноваться».

Вот такая она. Тамила. Свет, забота и личная служба спасения. Без выходных. Без упрёков. По любви.

Глава 23. Оксана.
Подруга, с которой разрешалось

Оксана. Эта глава — о ней. Та самая Оксана, с которой мне «разрешалось» дружить. Потому что в глазах моего второго мужа она была идеальной кандидаткой на роль «подруги жены»: не пила, не курила, не гуляла. Ну и в целом — положительная до такой степени, что аж скучно. Вот такая, как по учебнику, должна быть «правильная женщина». То есть, не я.

Первый раз я её увидела ещё в детском саду, когда наши сыновья — мой Вадим и её сын — ходили в одну группу. А потом, как две ответственные матери, начали вместе готовить детей к школе. Только не просто так, а чтобы попасть к одной особенной учительнице — в первый «украинский» класс.

И вот тут началась та самая «задница», которую в тот момент мы называли «подготовка к школе». Дело было в 1998-м году. Украина после развала Союза пыталась как-то выстроить свою идентичность. И в школах начали массово открывать «украинские классы»: даже в таких русскоязычных городах, как Лисичанск. Задумайтесь: уже тогда, в 1997—1998 учебном году, почти 10% первоклассников по всей стране пошли учиться на украинском языке. Как говорится — и нам туда надо.

В нашей школе №4 открыли первый в городе украиноязычный класс. Экспериментальный. Престижный. Ну а я, конечно, не могла остаться в стороне: мне ж обязательно нужно было попасть в эти 10%. Потому что если уж рвать нервы — то по максимуму.

Мы из шкуры вон лезли: платили за подготовительные уроки, водили детей к учителям на «подготовку».

Учила я Вадика буквам, цифрам, «мові». Это был, простите, «полнейший п....ц». Вадим не понимал, я не сдерживалась. До сих пор вспоминает, как я била его книжкой по голове — чтоб лучше запоминал. Ну а как, скажите, можно было не запомнить, как считать от одного до пяти?! Или писать букву «А»? Это ж элементарно! Хотя сейчас, когда я это вспоминаю, мне хочется самой себе этой книжкой по башке дать. Потому что это — не элементарно: когда ты ребёнок, а на тебя давит вся семейная гордость, престиж и «треба бути найкращим».

Психика ребёнка — под откос. Моя — туда же. А всё ради чего? Ради элитного украинского класса, который отличался от остальных только языком команд в коридоре. Ну и родительскими нервами.

Но вернусь к Оксане. Когда я её увидела впервые, у меня вообще был страх, что она даже со мной разговаривать не захочет. Она — старше на четыре года, такая вся взрослая, ухоженная, модная. А я — с ребёнком, измотанная, нервная, и с учебником подмышкой. Но она заговорила. Улыбнулась. Приняла. И мы стали подругами.

И это была лучшая дружба. Оксана стала для меня кем-то вроде учителя. Она научила меня мыслить. Не в смысле: «считай до десяти перед тем, как что-то сказать», а по-настоящему — «мыслить категориями души, смысла, духовности». Мы могли сидеть на лавочке с семечками и обсуждать не только сплетни и «кто кому чего», а такие штуки, от которых у тебя реально переворачивался взгляд на жизнь. Как будто ты до этого думала в двух измерениях, а тут — бац! — открылось третье.

Она никогда не читала нотаций. Просто делилась тем, как она видит. Как чувствует. Как живёт. И это было ценно. Это было мягко. Это было по-настоящему.

С ней я поняла, что думать можно не только по схеме «надо / не надо», а «хочу / не хочу», «чувствую / не чувствую». Что можно жить не ради галочки, а ради смысла.

И вот за это Оксане — мой низкий поклон.

...И вот, нашим сыновьям уже по тридцать четыре, а мы с Оксаной всё ещё — в одной обойме. Да, на разных континентах, с разными часовыми поясами, погодой и курсами валют. Но когда встречаемся — такое ощущение, что только вчера разошлись после очередной бутылки просекко.

Теперь уже нет рядом бывшего мужа с его контролем и репликами про «приличные женщины не пьют». Да бухает она! И я с ней! Причём, не просто по бокальчику, а с разговорами, с ржачом, с закуской, с душой. Потому что настоящая подруга — это не та, с кем ты сидишь прилично. Это та, с кем тебе можно быть собой. Даже если ты слегка навеселе.

С Оксаной я не просто дружила. С Оксаной я училась быть собой. И это гораздо важнее, чем знать таблицу умножения українською мовою.

Глава 24. История Бруно. Если бы кот умел писать

«В общем, здравствуйте. Меня зовут Бруно. Я кот. Сильный, независимый и глубоко возмущённый некоторыми событиями своей жизни. Но давайте по порядку.

Я уверен: в прошлой жизни мы с Ланой уже были вместе. Просто, видимо, в той версии она была кошкой, а я — человеком. Или оба были человеками. Но точно — родственные души. Так что в этой жизни мы не встретились — а нашлись. И я расскажу, как это было. Мягко, иронично и по-честному.

Родился я в Умани. Это такой уютный украинский город, где кошек любят настолько, что разводят целыми партиями. Мы жили в хорошем доме, нас кормили мясом, гладили, и, в целом, всё шло по плану — до четырёх месяцев. А потом мне выдали билет в один конец.

Ах да, чуть не забыл — я ведь прилетел в Америку не абы как, а с целым пакетом документов. Паспорт, прививки, ветеринарные справки — всё как у настоящего эмигранта с амбициями.

И — внимание: родословная на пять поколений. Да-да, моя родословная длиннее, чем вся человеческая семья моей Ланы. У неё — с трудом наскреблось четыре. И то — через слёзы, семейные драмы и пару тёрок на кухне с родственниками.

Родился я 12 ноября 2017-го года. И да — если вы вдруг не заметили по моей благородной лысой морде — я сфинкс.

Не тот, что из Египта, а тот, что вызывает вопросы: «это точно кот?» Да, кот. Очень даже. Особенный. И офигенно красивый.

Так вот посадили меня в пластиковую VIP-тюрьму, надели какой-то шнурок (видимо, шлейку) и загрузили в самолёт. Я кричал. Много. Три дня подряд. У меня была истерика. Я больше не видел ни маму, ни папу, ни сестер, ни ту женщину, что нас кормила. Улетел, как чемодан. И вот я в другой стране. Меня вытащили из переноски — грязного, испуганного, вонючего. И вот она — Лана. Моя мамочка. Обняла. Не осудила. Не бросила. С этого момента — мы неразлучны.

Дома меня искупали. Положили на белоснежную простыню. Я, конечно, выбрал самое светлое место — наутро оно переставало быть светлым, и вскоре простыни сменились на цветочки, узоры и всё такое. Так и живём.

Появился туалет — автоматический монстр. Сам вычищал, сам фыркал. Но я — кот не из трусливых. Лез внутрь во время цикла. Один раз даже провалился в дыру. Меня оттуда доставали, проклиная всё на свете.

Потом приехали девчонки — Джемма и Клои. Мои сестры по счастью. Клои — крошечная истеричка. Орала без повода. Её обожали, носили на руках, а она вопила, как будто её на запеканку режут. Джемма — мускулистая, как бульдозер. Глотала всё подряд. Мы ели мясо, это называлась диета 80/20, потом нам надоело — теперь изысканные шарики и консервы. Это вообще вещь.

И тут — Лорес. Собака. Огромный доберман. Уши ему подвязывали, как будто он — кукла после ремонта. Пытается всегда меня нюхать, как будто я уже потерялся. Один раз я не выдержал — написал в его миску с водой. Было красиво. Есть видео.

А потом — кастрация. Без предупреждения. Клои начала снова орать, я пытался её «успокоить», как мог. Мама психанула. Забрали нас всех, вернули уже других. Колокольчики пропали. Клои — тихая. Я — философ.

Каждую зиму нас грузят в машину и везут в Аризону. Там тепло. Едем долго. Иногда ночуем в отелях — нелегально. Нас прячут, как банду. За монстра (Лореса) платят, нас — контрабандой. Удобно.

Мия — ещё одна собака, самая мелкая из всех нас, но думает, что она — овчарка. На деле — бурундук с голосом. Я иногда её подлавливаю — чисто из спортивного интереса.

И вот два года назад моим родителям пришлось продать таунхаус, где вообще не было двора, и мне приходилось быть на поводке («алё, офисир, я ж только хотел познакомиться с местными бурундуками!»). Так вот, вместо старого купили новый дом, который теперь любят все. Но так как я лазил через заборы и категорически отказывался сидеть на поводке, мне построили огромный высокий забор. Перепрыгивать тяжело, но я стараюсь. Построили веранду, а в этом году добавили стены и потолок — чтобы нам было комфортно.

Автоматический туалетный монстр переехал с нами, но теперь я его не боюсь. Я — большой. А ещё у нас рядом озеро и лес. Лана сажает меня в корзинку, цепляет на велосипед, надевает на мою голову ужасную девчачью шляпу с цветочками — и мы едем кататься. Кататься я обожаю. Шляпу — ненавижу. Она постоянно сваливается мне на глаза, Лана её пихает обратно. Но всё ради защиты от солнца, окей.

Я всё ещё сплю с Ланой в одной кровати. Люблю, когда она кладёт щёку на меня. Когда был маленьким — ничего не понимал. Ходил ночью в туалет, трогал свои какашки, потом пытался их закопать — не получалось, зато даже очень получилось таскать всё это в кровать. А Лана? Терпела. Подмывала там, где надо, и мыла ноги. Словно агент КГБ, всегда была на чеку — даже ночью. Наверное, не спала вообще. Сейчас мне почти восемь. Мы всё ещё вместе. Теперь — наоборот: она каждые пять минут встаёт в туалет, а я терпеливо её жду. Мстит, наверное. Я — взрослый кот. Терпеливый. Мудрый. Не мстительный. Очень добрый.

Лорес тоже вырос. Но всё ещё младше меня на целый год, и всё ещё носится за белками как ненормальный. А я наблюдаю с веранды. Я — Бруно. Кот, который знает всё. И который, возможно, когда-то уже был человеком. А может — ещё станет.

Ещё у нас есть коляска, вернее — уже две. Сначала была розовая, девчачья, тесная, как клетка для морской свинки. Потом купили чёрный Range Rover. Ну ладно — PetRover. Туда влезаем мы все, кроме Лореса. Он бежит рядом, охраняет, как будто мы — члены правительственной делегации.

Чуть не забыл важный момент. Я люблю разговаривать. Ну ладно — петь. И пою я громко. Почти как Монсеррат Кабалье. Один раз я услышал её голос — и всё. Считай, нашёл кумира. Я теперь иногда думаю, может, в прошлой жизни я и был ею. Ну или, как минимум, стоял с ней на сцене в каком-нибудь бархатном платье.

Особенно люблю петь, когда иду в туалет. Или выхожу из него. Потому что, как говорится, событие не может пройти без официального анонса. Вот так и получается: идёшь, распеваешь.

«Мяу-ууууу-аааааааааааа!» — с вибрато, с чувством, с трагизмом. Как будто я не в лоток сходил, а с Ромео навеки прощаюсь.

Особо вдохновляет ночь. Когда всё спит. Все думают, что тишина. И тут — я. Монсеррат в теле кота.

Мой концерт. Моя сцена. Мой выход. А вы, конечно же, не спите. Вы слушаете. Так что извините. Артист — он не по расписанию. Он — по вдохновению.

Вообще, я думаю, что Лане с Робертом повезло, что у них есть мы. Они, кстати, сами это признают. Каждый день.

А вот купаться я всё ещё не люблю. Хотя меня нежно моют, выковыривают грязь между пальцев. А уши — вообще катастрофа. Зачем они вообще нужны, если их надо мыть каждую неделю? Иногда мне кажется, Лана там золото ищет. Но я взрослый. Я терплю.

Скоро лето. Мы снова будем проводить много времени на веранде. Я — на шлейке, на поводке. Потому что иначе я полезу через забор — не потому что сбежать хочу, а потому что интересно, как там соседи живут. Но я обещаю: если это случится, то я вернусь. Потому что это — мой рай. Моя семья. Моя Лана. Я их очень люблю».

Послесловие от Бруно. Всё по-честному

«Вот вы думаете — это вы нас одомашнили? Ха. Милые мои людишки. Мы, коты, давно всё решили. Просто вы этого не заметили. Сначала были храмы. Египет. Статуи. Поклонение. Потом века забвения, потом — революции, войны, ипотека. А мы остались. Выжили. Притворились домашними. И вот вы уже приносите нам корм, строите заборы, моете между пальцев и называете себя «мамой».

Но мы-то знаем: это вы нас слушаетесь. Это вы за нами ухаживаете. Это вы спрашиваете: «Бруно, что ты хочешь покушать?» А я просто смотрю — строго, в глаза. И вы уже понимаете.

Я не грубый. Я не высокомерный. Я просто кот. Я создан быть царём. А вы — избранные. Слуги света. Те, кого я допустил в своё королевство.

Мне с моими повезло. С Ланой особенно. Не каждый кот может похвастаться личной верандой, персональной шляпой и биографией, написанной от первого лица. Но суть остаётся: мы вас выбрали. Не наоборот.

И если когда-нибудь вы услышите тихое мурчание рядом — не спешите думать, что это просто кот. Возможно, это старая душа. Старый друг. Старый мудрец. Который снова пришёл — напомнить вам, кто вы. И кто мы.

С любовью,
Ваш Бруно.
Царь. Но с чувствами»

Глава 25. Сергей.
Мальчик, которого не уберегли

Когда я только собиралась составлять генеалогическое древо своей семьи по маминой линии, я решила начать с тех, кто ещё хоть как-то жил в моей памяти. И первой, кто всплыл — была тётя Валя, мамина родная сестра. Всё, что я помнила: они жили в Лисичанске, на улице Калинина. И на этом мои знания заканчивались.

Узнать было не у кого. Поэтому я обратилась к знакомому на Facebook*[1], чтобы он разместил объявление о поиске моего двоюродного брата. И — чудо! Сначала нашлась его гражданская жена с сыном. Потом — и он сам. А ещё потом — куча негатива от посторонних людей. Кто-то осуждал, кто-то поносил. Но я на это не реагировала. Ни на плохое, ни на хорошее. Потому что я всегда имею своё мнение. Независимое от чужих слов и чужого шума.

Последний раз я видела Сергея, когда ему было лет пять-шесть. Я старше на десять. Помню — симпатичный пацанчик, с родителями и сестрой. Всё как у всех. Школа, двор, собаки, жизнь. Но потом что-то пошло не так. В семье начались сцены — не для детских глаз и ушей. И мама ушла. Отец с сестрой начали пить. Люди просто не выдержали. Не справились. А он остался. Ребёнок. Один — в эмоциональном смысле.

---

[1] принадлежит компании Meta, признанной экстремистской и запрещённой на территории РФ

И началась улица. Конец 90-х. Город — на грани. Страна — на сломе. Семья — трещит. И он рос, как умел. Что видел — тому и учился. От кого мог — тому и подражал.

Когда мы уже созвонились спустя много лет, он сказал одну фразу, от которой у меня сжалось сердце:

— Передай брату, что я стал мастером по боксу. Как он мне тогда говорил.

Понимаете? Пятилетний мальчик запомнил слова: «Иди в спорт и стань мастером». И он пошёл. И стал. И доказал. Только вот применить всё это удалось не на ринге, а на улице. Драки. Рэкет. Борьба за выживание. Желание доказать, что он — не пустое место. Что он — сильный. Только вот никто не показал, как жить. Никто не держал за руку. Никто не сказал: «Я рядом».

А я? Где была я?

Он вправе спросить меня в лицо:

— А где ты была, когда я тебя ждал? Когда мне было двенадцать, пятнадцать? Когда у меня из-под ног уходила почва? Почему ты не нашла меня тогда, а нашлась теперь?

И он будет прав. Я не имею права его судить. Не имею права спрашивать «почему». Потому что меня там не было. Я не жила его жизнью. Не видела его глазами. Не слышала его ушами. Не чувствовала его сердцем.

Он даже не женился. Потому что, возможно, сам институт семьи у него ассоциируется с болью. С криками. С уходами. С разрушением. И он, может, не хотел повторения. Ни для себя, ни для девушки, ни для сына. Может, это его способ защитить. Единственный, какой он знал.

Этот мальчик вырос без защитников. Без ориентиров. У него не было шанса просто быть ребёнком.

Он стал взрослым тогда, когда взрослые вокруг него перестали быть взрослыми. Когда мама ушла, а отец с сестрой стали другими людьми — затуманенными, сломанными, недоступными.

И всё, что у него было — это улица. И свои кулаки. И свой характер. И эта невероятная, выстраданная сила, которая не рождена — а выкована болью.

Поэтому я не спрашиваю, не требую, не осуждаю. Я просто принимаю. Как есть. Люблю. Как есть. Таким, каким он вырос. Без меня. Сам. Как смог.

Глава 26. Они приходят, когда нужно. Коты, собаки и немножко магии

Хотела уже заканчивать свои прозаические мысли, перевёрнутые с ног на голову. Но моя Влада сказала: «Мама, а про наших животных ты напишешь?» Ну, а как не написать, если они — часть семьи. Да и честно? Иногда — лучшая её часть.

Начну с детства. Напомню: моя мать — в прошлой жизни, видимо, была капитаном пиратов Карибского моря. Никого не любила, кроме себя. К животным относилась строго по советским ГОСТам: собака должна жить на улице, кот сам по себе, максимум — мышелов в сарае. Никакой тебе нежности. Обнимашки? Это к психологу, а не к псу. Погладить? Зачем? Пусть работает. У меня был чёткий детский бриф: животные — это либо рабочая сила, либо грязь на ботинках. Лишние рты и шерсть на ковре.

Я и сама выросла с мыслью, что животные — это как коммунальная квартира: шумно, грязно, но вроде как часть жизни. Пока однажды меня не поставила на место Галина Николаевна. Вечный директор. Женщина, у которой, казалось, было не пятьдесят, а все сто пятьдесят лет жизненного опыта — не по паспорту, а по уровню мудрости, взглядов и умения держать себя. Внешне — подтянутая, строгая, аккуратная, будто только что со съёмок фильма про элиту педагогики. Но при этом — девочка. Лёгкая, ухоженная, с прямой осанкой и маникюром, как у министра культуры. Никогда не показывала, если было тяжело. Но и не притворялась железной. Просто держалась. И этим восхищала. Хотелось быть, как она —

не «в образе», а по-настоящему. И вот однажды, идём с ней по улице (мы жили неподалёку), и она меня вдруг спрашивает:

— У тебя дома кот есть?

— Господи, нет! И не будет! Терпеть не могу животных.

Она посмотрела на меня почти ласково:

— Если ты не любишь животных — ты, скорее всего, психопатка.

Тогда я подумала: «Директор с диагнозом». А сейчас понимаю — она видела дальше, чем я вообще думала.

В тот момент обиделась. А теперь — подписалась бы под каждым словом.

Когда мы сошлись с Робертом, я была ярым противником всего, что лает, шипит и шерстится. А он... собачник и кошатник с пелёнок. Три года обрабатывал меня, как сектант с дипломом по убеждению. И добился. Появилась у нас Бэлла — взрослая, философски настроенная собака из приюта. Ей было восемь, и у неё был взгляд, как у уставшего профессора: «Ты, конечно, дура, но я потерплю».

Потом появился Джет — белоснежный герой на коротких лапках. Его загрыз койот. Мы боролись, лечили, надеялись. Не вышло. Это было первое настоящее «прощай» в моей взрослой жизни. Я тогда поняла: это не просто питомцы. Это — связи. Душа к душе.

А потом мне захотелось кота. Гипоаллергенного, конечно. Писала, звонила, искала. Очереди, цены, ожидания — как в детстве за сервелатом. А я что? Я человек простой. Хочу — значит, вчера. Нашла украинского заводчика. Прислали Бруно. Комочек ушастого презрения к людям и любви ко мне. Нужен был гипоаллергенный кот, потому что у Роберта аллергия на животных. Всё просто, правда? Ага, щас. Даже гипоаллергенный не помог — чихает, глаза слезятся, нос заложен. В итоге я сама поставила ему диагноз: аллергия на жизнь. Ну а что, с этим как-то надо жить.

Потом — Джемма и Клоэ. Сфинксы. Мы даже подумали заняться разведением. Но быстро поняли: нет. Продавать мы никого не сможем. Потому что каждый — личность. Каждый — семья. У нас был бы не бизнес, а кошачий детский сад на сорок восемь душ. Поэтому всех кастрировали — и закрыли тему. Простите, котики.

Джемма была не просто кошкой. Она была моей целительницей. В те годы, когда климакс делал из меня дракона с перегревом, она ложилась на живот и вытягивала боль. Она прожила ровно столько, сколько нужно было, чтобы я снова стала собой. А потом ушла. Тихо. Без драм. Потому что так делают настоящие целители.

Появилась Лекси. Потом — Лорас. Доберман. Красавец. Сначала — тренировки, потом — саркома, восемнадцать облучений облучений, четыре операции. Он всё прошёл. А потом ещё прошёл по сердцу. Мы боремся. До сих пор. Вместе. И почему-то я уверена, что он вообще не в курсе, что он доберман. Он, похоже, считает себя двухкилограммовой чихуахуа, просто слегка перекачанной. Полный раздрай по самоидентификации. Но мы, как говорится, не осуждаем.

В 2020-м я снова слетала в Украину. Взяла с улицы кота — белого, наглого и абсолютно украинского. Для отца. Чтобы мышей гонял. Но как-то отец посмотрел на него с выражением «и это теперь моя проблема?» — и я оформила ему визу. Теперь Тёма в Америке. Влада влюбилась в него. И только когда она уезжает — он снова мой. Без права голоса.

Только благодаря белому Тёмке в моей жизни появились люди, которых хочется просто обнять.

Лисичанск, ветклиника «Лимпопо». Я пришла туда с пушистым комочком, а вышла — с ощущением, что в этом мире есть настоящее добро. Денис и Олеся Колесниченко. Ветеринары. Но не просто ветеринары — настоящие хранители животных душ. Такие, которые не просто лечат — они будто разговаривают с теми, кто не может пожаловаться, кто только смотрит в глаза и терпит.

В них было что-то, что невозможно описать. Уверенность. Тепло. И бесконечное «мы с вами, мы поможем». Бывает, смотришь на человека — и сразу ясно: он на своём месте. Он делает то, ради чего пришёл в этот мир. Вот это про них. Не потому что дипломы. А потому что душа. Они помогли со всем — документы, прививки, справки. Чтобы Тёма мог лететь со мной в Америку. Сначала, может, и не поверили: «Куда? В Америку? Кот?» А потом — поверили. Потому что я говорила это так, как говорят только те, кто уже всё решил.

Я его увезла. Через океан. С собой. Потому что он — мой. А они помогли, как будто это был их собственный кот. Без лишних вопросов, но с теплом, заботой, любовью.

И с тех пор я знаю точно — ветеринары, как и коты, бывают не случайные. Они приходят, когда нужно. Чтобы напомнить: добро есть. И оно было в Лисичанске, в клинике «Лимпопо», с тихим светом и врачами, которые слышат даже тех, кто молчит.

Теперь у Тёмы новое хобби — отлавливать каких-то слепых мелких существ возле нашего дома в пригороде Чикаго, как настоящий кошачий жнец. И, конечно, хоронить их тайком приходится мне. Потому что если Роберт увидит — у него будет сердечный приступ. А мне, простите, не улыбается каждый раз скорую вызывать.

И я поняла: они приходят, когда нужно. Не мы их выбираем — они выбирают нас. Они знают, когда ты разваливаешься на куски. Они чувствуют, когда тебе плохо. Они ложатся рядом. Или просто смотрят. И этим лечат.

А у других... у других не всегда так. Вот невестка моя говорит про своего кота:

— Мы его приютили, кормим, поим. А он других котов гоняет. Неблагодарный!

А я думаю: да это ты должна ему цветы носить! Что он вообще согласился жить с вами. Это не ты его спасла. Это он тебя выбрал.

Я уверена: если ты предал животное — оно тебя не забудет. А Вселенная — не простит. Это не угроза. Это факт. Всё возвращается. Кому-то в виде артрита. Кому-то — в виде тревожного сына. Кому-то — в полной квартире, но с пустым сердцем.

А теперь — немного истории.

Коты были одомашнены около 9 000 лет назад. И нет, это не мы их приучили. Это они нас — потерпели. Потому что поняли: ну ладно, дураки, но хоть зерно есть. На Ближнем Востоке они охраняли зерно от мышей. А мы начали считать, что они нам что-то должны. Хотя на деле — это мы им до сих пор не заплатили.

В Древнем Египте кошек мумифицировали, поклонялись, строили храмы. За убийство кота можно было попасть в тюрьму. А у нас в подъезде до сих пор кричат: «Уберите этого паразита!» Ну где, скажите, справедливость?

Бастет, богиня с головой кошки, была символом защиты, материнства и домашнего очага. Кошка — как амулет дома. Как фильтр энергии. Как Wi-Fi между тобой и Вселенной. Если ты не нравишься кошке — проверь свою карму.

А псы? Псы — это безусловная любовь. Это те, кто верят в тебя даже после того, как ты уронила на них кастрюлю. Они прощают. Они радуются тебе так, как ты сам себе не радуешься. Они — твой фан-клуб. Даже если ты — не звезда.

Психологи скажут, что животные помогают при тревожности, дают ощущение защищённости, стабилизируют психику. А я скажу проще: иногда только кот знает, что ты не в порядке. Иногда только собака держит тебя на плаву.

Так что да — они приходят, когда нужно. Своевременно. Без спроса. Без инструкции. Просто появляются — и остаются. Чтобы ты не сошла с ума. Чтобы не перестала верить. Чтобы было кому дышать рядом, когда не можешь дышать одна.

Вот и вся магия.

P.S.

На сегодняшний апрель 2025-го у нас баланс: на каждого кота — своя собака. Восемь душ. Восемь характеров. Восемь маленьких учителей, которые не просто живут с нами — они терпят нас. А это, знаете ли, тоже подвиг.

Иногда мне кажется, что они — главные герои этой жизни. А мы — просто их обслуживающий персонал с руками, которые открывают банки с кормом. Но, если честно... я бы ни на что это не променяла.

Эпилог. Мы продолжим

Когда я начинала эту книгу, мне казалось, что я просто записываю — голоса, истории, эпизоды. Чтобы не забыть. Чтобы не потерять. Чтобы хоть кто-то ещё услышал.

А потом я поняла: я не просто пишу. Я возвращаю себе голос. Себе — и тем, кто был до. Тем, кто не мог говорить. Тем, кто был сломан, затоптан, вытеснен. Тем, кто не дожил — но остался во мне.

Эта книга не про события. Она про следы. Про то, что осталось под кожей. Про то, что вспыхивает внутри, когда ты узнаёшь в чужой боли — свою. Про ту самую секунду, когда ты вдруг понимаешь: вот здесь, в этой строчке — живое. Вот тут — правда. И она не обязана быть красивой.

Я писала не ради формы. Не ради сочувствия. Ради того, чтобы не замолчать. Чтобы хотя бы один человек — в любой точке мира, в любой точке жизни — прочитал и сказал: «Чёрт. Я знаю, каково это». А потом — выдохнул. И продолжил.

Я не знаю, можно ли прожить всё до конца. Но знаю точно: можно не убежать. Не предать себя. Не спрятать чужую боль под ковёр. Не позволить времени всё стереть.

Я думала, что это финал. Но теперь знаю — это начало. Потому что настоящий голос — не кричит. Он копится. Он ждёт, пока ты станешь готова его услышать. А потом звучит — так, что больше невозможно сделать вид, будто ты не поняла.

Следующая книга будет другая. Точнее. Глубже. Без витрин, без подмен. Только «до». Только «после». Только я.

И мы продолжим. Кто понял — тот пойдёт со мной.

Приложение. Семейная хроника

МОЁ ДРЕВО: Натаровы

Моя семья — это как старый раскидистый дуб. Сначала кажется, что всё просто: ну вот бабушка, вот мама, вот я. А потом начинаешь разбираться — и бах, уже целый лес.

Всё начинается с моего прадеда — Ивана Натарова, 1898 года рождения. Он родом из села Тазово, которое находилось в Золотухинском уезде Курской губернии, позже — Курская область, Золотухинский район, станция Свобода. Я помню этот адрес по письмам, которые писала бабушке Наде.

У Ивана было двое детей: Алексей и Ксения.

Алексей — мой дедушка

Алексей женился на Надежде, и у них выросли четверо детей:
- Александра (моя мама)
- Валентина
- Николай
- Вера

Каждый из них — со своей историей, своими городами, судьбами, потомками.

Мама — Александра

Родилась 10 февраля 1949 года, ушла 13 декабря 2008. Сильная женщина.

У неё двое детей:
- Я, Светлана, родилась 4 июля 1973 года в Лисичанске

• Юрий, родился 21 июля 1975 в Ростовской области

У Юры дочь — Мария (19 декабря 2005)

У меня — Вадим (4 февраля 1991) и Владислава (30 августа 1998).

Оба родились в Лисичанске. Всё как положено: один мальчик, одна девочка и мама, которая всё помнит за всех.

Тётя Валентина

Родилась 5 октября 1951, ушла в 2023.

Была замужем за Юрием Резниченко (1954—2006).

У них двое детей:

• Светлана (1975—2006)

• Сергей (29 октября 1981), у него сын — Иван.

Ещё один Иван — на случай, если мы вдруг забудем, с чего всё началось.

Дядя Николай

Был женат на Нине. Их дети:

• Любовь (1973)

• Валерий (1975)

Оба родились в селе Тазово Курской области. Что с ними дальше — не знаю. Иногда ветки уходят в сторону и теряются из виду.

Тётя Вера

Младшая из всех. Своих детей не имела, но в 1981 году усыновила мальчика — Алексея Махначева.

Любовь — она и такая бывает: не от рождения, но настоящая.

Ксения — сестра Алексея

У неё два сына:
• Анатолий, детей не было
• Александр (1946−1993), у него дети:
— Сергей (1971)
— Виктория (1972).
У Виктории — дочь Алина, 1992 года рождения.
Ещё одна веточка на этом дереве.

Корни глубже, чем кажется

На апрель 2025 года — из всех бабушек, дедушек, тёть и дядь не осталось ни одной души. Все они уже там, где не болит и не тревожит.

Но дерево остаётся.

Потому что память — это корни. А мы — всё ещё его листья.

КРОНА,
или другая сторона корней:
Ващенко

Если по маминой линии у меня дерево с широкими ветками, то папина — как река: течёт глубоко и уходит в старую украинскую землю.

Всё начинается с моего прадеда — Ващенко Микиты примерно 1890 года рождения, из села Нижние Верещаки (Александрийский район Кировоградской области, тогда — Елисаветградский уезд Херсонской губернии). Фамилия у него как будто создана для того, чтобы её выкрикивать в поле — звучная, крепкая.

У Микиты было трое сыновей: Каленик, Павло (мой дед) и Ян.

Линия Каленика

Каленик был женат на Ефросинье (род. 1911), у них была большая семья, и каждый ребёнок — как отдельная глава:

• Ольга (1932−2021), жила в Мирной Долине, потом в Крыму, с. Красное.
Её дети:
— Владимир (1956−2020), у него две дочери: Оксана (1981, по мужу Касым), дети Дмитрий (2003) и Лилия (2012);
Елена (1977, по мужу Воротник), у неё Марина (2010) и Константин (2004).
Также дочери Ольги: Татьяна (1958, Крым) и Лариса (1960, Симферополь), родных детей нет.
• Галина (1939):
— Наталья (по мужу Терошенко), Волгодонск. Дочь Яна (1991), у Яны — Ева и Влад

160

— Лариса (Зырянова), Анапа. Дети — Эмма и Саша (обе с детьми)

— Александра (Ковалева), Крым. Дети — Алла (Соня и Вероника) и Сергей (двое детей, имена не помню)

• Мария (Овчаренко) (1944—2019):

Дочери — Татьяна (умерла в 16 лет от красной волчанки) и Светлана (Лисичанск). У Светланы приёмная дочь Ольга (1991), но для неё она — своя.

Мой дед — Павло Ващенко

Родился в 1920 году, умер 27 декабря 1996. Его жена — Ярына (Ирина) Левковна Сигида, родом из села Братерськов (Компанеевский район, Кировоградская область), 14 мая 1925 — 23 мая 1991.

У них было четверо детей:

• Анатолий (1947—2022) — мой отец.

У него двое детей:

— Я, Светлана (род. 4 июля 1973, Лисичанск)

— Юрий (21 июля 1975, Ростовская обл.)

У Юры дочь — Мария (19 декабря 2005).

У меня — Вадим (4 февраля 1991) и Владислава (30 августа 1998).

Мы с детьми живём в США с 2006 года. И хоть далеко от земли предков — иногда мне кажется, что они всё равно слышат нас.

• Дмитрий (Митя) — умер от сердечно-сосудистого заболевания. Его жена — Тамара.

Сыновья:

— Виктор (1975), его дочь умерла в 16 лет от врождённого порока сердца

— Владимир, детей нет

• Нина (1952—2008), в замужестве — Черкасова.

Дочери:

— Тамила (1978), муж Андрей (1974), сын Максим (1998),

161

у него дочь Амелия (2024)
— Галина, сын Влад (2001)
   • Любовь (1954—2020), муж — Николай Рябко.
Сыновья:
— Валерий (1973), у него сын
— Виталий, у него двое сыновей

Тень, которую не видно на фото

В последние годы жизни Ирина, Нина и Любовь страдали деменцией. Болезнь незаметно стирала воспоминания, голоса, лица. Иногда кажется, что она приходила слишком рано, забирая не только память, но и часть их самих. Но в моей памяти они — другие. Живые. Настоящие. С характером. С фразами, которые они повторяли, с лицами, пока на них ещё всё было написано.

Ян. Ушедший след
О Яне известно меньше всего. По семейным рассказам — уехал в Канаду в 60-х. С кем, зачем — никто толком не знал. Остались только имена его дочерей: Ольга (Кировоград) и Любовь (Светловодск). Может, когда-нибудь мы встретимся. А может — только здесь, в этих строках.

Ефросинья Ващенко — жена Каленика, примерно 1920 г.

Это Ефросинья, 1911 года рождения, с двумя сёстрами. Фото сделано, скорее всего, в конце 1920-х — ей здесь около двадцати. Повод точно не известен, но, судя по одежде и букетам, был какой-то праздник. Может, Пасха или престольный день в селе. Тогда фотограф был редкостью, и сниматься шли только по особому случаю.

Одеты они празднично: фартуки с узором, жакеты на пуговицах, кресты, коралловые бусы. Платки завязаны аккуратно, в руках — по маленькому букету. Всё строго, но видно, что день важный.

Снимок сделан в студии — задник нарисованный, как тогда было модно: колонны, листья, «красиво».

По одежде можно предположить, что это где-то на Левобережной Украине — скорее всего, Полтавская или Черниговская область. Очень характерный стиль.

Это ещё то самое «до». До колхозов. До паспортов. До того, как села стали безмолвными. На этом фото — жизнь, какая она была, пока её не начали переписывать.

Ващенко, 1953. Пока все вместе

Анатолий, Ирина, Нина, Павло, Митя Ващенко, 1953

Это, скорее всего, снято в Кировоградской области. Судя по всему — прямо у них дома или во дворе. Тогда часто вешали ковер на стену или на забор, ставили лавку, сажали всех по порядку — и звали фотографа. Не в студии, но старались, чтобы было красиво.

На фото — мои бабушка и дед, Ирина и Павел Ващенко, и трое их детей: Анатолий — мой отец, совсем мальчишка ещё, держит гармошку; на руках у бабушки — Нина, ещё младенец; справа — Митя, младший брат. Все серьёзные, как положено в те годы.

По одежде видно — семья не бедная, но и не зажиточная. Всё чистое, аккуратное. Дед — в пиджаке, бабушка — в клетчатой юбке и платке. Гармонь в руках у ребёнка — значит, жили не впроголодь. Да и по лицам видно — не угнетённые. Устали, да, жизнь была тяжёлая, но держались.

Я смотрю на это фото и думаю: вот они, мои корни. Без фильтров, без украшательств. Такая, какая была жизнь — простая, настоящая, своя. И никто тогда не знал, кто из них доживёт до старости, кто уедет, а кто останется. Просто семья, просто день, просто фотограф.

Анатолий Ващенко, примерно 1965—1967

На этом фото — мой отец, Анатолий Ващенко. Ему здесь лет восемнадцать, может, чуть больше. Примерно 1965—1967 год. Судя по фону, всё та же Кировоградская область, возможно, даже родной двор — дом, деревья, земля под ногами. Всё простое, родное.

Он с гармошкой. Не для вида, не для фото — он действительно играл. Самоучка, но играл так, что люди удивлялись. Подбирал любую мелодию на слух, без нот. Весёлая, грустная, свадебная — всё у него ложилось в руки легко, будто гармошка сама знала, что делать.

Рядом — друг, смеётся, будто поёт или танцует. И папа улыбается — не в камеру, а в жизнь. Это фото не для паспорта, не для памяти — это просто момент, когда хорошо. Когда звучит музыка, а вокруг всё своё.

Мне особенно дорого, что есть такое фото. Где он — не просто часть семьи, а просто он. Молодой, живой, с гармошкой. Всё ещё впереди.

Если вы узнали себя...

Если вы читаете это и вдруг узнали знакомые имена, даты или места — не проходите мимо.

Возможно, мы с вами связаны больше, чем просто случайным интересом.

Может быть, наши корни переплетались раньше, чем мы научились читать.

Я верю: родство — это не только про кровь. Это про тепло. Про узнавание. Про что-то глубже.

Если вы узнали себя или свою семью — напишите мне.

Может, именно вы — тот самый пазл, которого мне не хватало.

Возможно, именно вы — та потерянная ветка, которую мы когда-то не успели обнять.

Я верю: родство не уходит. Оно замирает — и ждёт, когда его позовут.

А если вы — тот самый голос из прошлого, которого нам не хватало... просто напишите.

Мой адрес: lanastasek@gmail.com
https://www.lanastasek.com/ru

www.ingramcontent.com/pod-product-compliance
Lightning Source LLC
Chambersburg PA
CBHW021156130626
46554CB00005B/1846